Inteligencia Emocional

Y

Storytelling

Paula G. Eleta

Juan Moisés de la Serna

Editorial Tektime

2021

Índice

Prólogo

A través de los siglos, las historias contadas han acompañado la vida de mujeres y hombres de todo el mundo, ayudándoles a enfrentar dificultades y miedos, desde los primeros años de sus vidas, independientemente de su condición social, cultural o étnica. De hecho, la narración de historias representa un elemento imprescindible de la sociabilidad.

Contar historias es, por lo tanto, un apoyo significativo no sólo para la construcción de la identidad personal, sino también para la identidad cultural. Además, las historias ofrecen una variedad de significados para hacer frente a las dificultades de la vida diaria.

Esto sucede porque, cuando realizamos un discurso narrativo, ponemos en marcha importantes mecanismos de reflexión; y en muchas situaciones se trata de comparar nuestros pensamientos, para expresarlos adecuadamente sobre aspectos que ni siquiera habíamos pensado con anterioridad.

En los siguientes capítulos profundizaremos sobre cómo se relaciona la storytelling con el desarrollo de la inteligencia emocional. Además, queremos mostrar al Storytelling como una actividad divertida y al mismo tiempo una herramienta interesante en los ámbitos de la comunicación, educativo y terapéutico. De hecho, también representa una metodología que conlleva emociones, eventos y/o fantasías y las explica según una lógica de significado.

La narración de cuentos facilita la participación, en un sentido inclusivo, a través de la experimentación de múltiples lenguajes expresivos que permiten captar por contraste y diversidad los conocimientos, habilidades y necesidades individuales y grupales tanto de niños como de jóvenes y adultos.

Un aspecto realmente interesante que queremos destacar de esta metodología es su utilidad en contextos escolares para fomentar la participación crítica y activa en la comunicación, permitiendo a los alumnos reflexionar, pensar, en un clima estimulante que les permita experimentar su propia forma de actuar con respecto a los contenidos a aprender.

Básicamente, en este libro pretendemos destacar la importancia de devolver el tiempo y el espacio a la narración, ya que representa para los humanos un medio eficaz para expresar sus emociones. Debido a sus características, la historia se puede realizar en presencia y/o de forma remota pero no se puede improvisar, de hecho, es fundamental programarlo con método, competencia y dedicación.

Por último, queremos señalar que este texto, que es de carácter divulgativo, es el primero de una serie de publicaciones que profundizarán en el tema y en los distintos ámbitos de aplicación.

Nota sobre los autores

Paula G. Eleta

Paula nació en Buenos Aires, Argentina, y vive en Italia desde 1990.

Se graduó en Sociología en la Facultad de Sociología de la Universidad de Buenos Aires y obtuvo un doctorado en Sociología y Políticas Sociales en el Departamento de Sociología de la Universidad de Bolonia.

Durante más de 15 años ha estado involucrada en la formación, consultoría, diseño y gestión de intervenciones educativas complejas de carácter innovador. Es profesora universitaria y también colabora con diversas instituciones y grupos del sector público y privado y en el sector terciario (tanto en Italia como en el extranjero) y también se desempeña como Diseñadora Social.

Entre los temas que aborda, están los procesos interculturales/inclusivos, el uso de lenguajes expresivos alternativos en el ámbito educativo y formativo (en particular el teatro de figuras y la narración), la construcción de redes de colaboración (escuela - familia - comunidad), la gestión de procesos participativos y la continuidad educativa.

Fue invitada a Italia y al extranjero para dar conferencias, seminarios y discursos y publicó en Italia y en el extranjero. A la fecha cuenta con 20 artículos publicados en las principales revistas (educación, cultura, bienestar) y 6 libros publicados en diferentes idiomas. Para más información sobre el autor: www.raconte.it

Juan Moisés de la Serna

Juan Moisés es Doctor en Psicología con maestría en Neurociencia y Biología del Comportamiento. Profesor universitario.

Hoy en día, su investigación se centra en los posibles factores que influyen en el COVID-19 y las complicaciones psicológicas y neurológicas a corto y largo plazo después de la infección por SARS-CoV-2 en humanos.

Según researchgate.net, fue el autor más leído en España en 2020.

Divulgador científico con más de treinta libros publicados sobre temas de Psicología y Neurociencia. Autor en 2020 de las siguientes obras: "Aspectos psicológicos en tiempos de pandemia"; y "Personal sanitario en tiempos de pandemia. Una perspectiva psicológica"

Capítulo 1. El Storytelling

La narración de historias es una práctica antigua de la humanidad y representa un elemento generativo en las sociedades y la sociabilidad.

Tal es así que, a través de los siglos, las historias contadas han acompañado las vidas de mujeres y hombres de todo el mundo, ayudándoles a enfrentar dificultades y miedos, desde los primeros años de sus vidas. Según investigaciones recientes, son las historias las que nos hacen humanos, ya que el lenguaje habría evolucionado principalmente para permitir el intercambio de "información social".1

Son muchos los ejemplos que podemos rastrear a lo largo de la historia, en los que los más grandes pensadores y filósofos también fueron grandes narradores, lo que hoy sería llamado "comunicadores". En otras palabras, como humanos nos desarrollamos socialmente a través de historias, que dan forma a nuestros cerebros y nos ayudan a integrar mejor la información del exterior.

Cabe señalarse que en muchas investigaciones se ha observado que los niños tienen predilección por el rostro humano frente a cualquier otro objeto que se les presente, esto es así porque mirar la cara sirve no solo para identificar a la persona sino también para reconocer sus emociones, ya que a través de las distintas expresiones faciales somos capaces de conocer e interpretar lo que siente el otro en ese momento.

El desarrollo del lenguaje se produce más tarde, con el crecimiento de las estructuras gramaticales de la propia lengua y el aprendizaje se ve favorecido por narrativas cortas. Las primeras historias tienen una estructura sencilla que nos ayuda a madurar ideas y emociones, así como a aceptar la noción de tiempo, es decir, a entender que unas cosas pasan antes y otras después.

Los primeros acercamientos al conocimiento nos acompañan por el resto de nuestras vidas y los grandes oradores y los buenos maestros permanecen grabados en nuestra memoria y sus historias, reales o ficticias, proporcionan una guía para nuevos descubrimientos, para nuevas emociones… avanzando hasta donde el orador quiera llegar.

La narración siempre se ha combinado con un tiempo y un espacio peculiares, lo que ha hecho del acto narrativo un momento especial capaz de ayudarnos a dar respuestas a muchas de nuestras preguntas, así como de dar sentido a nuestra existencia.

Hoy nuestras vidas están marcadas por la velocidad. Stephen Bertman (Bertman, 1998) para explicar nuestra forma de vida, ha conectado las expresiones de 'cultura del tiempo' y 'cultura del espacio'. Tales expresiones ayudan a comprender la naturaleza de la condición humana en la "modernidad líquida", donde se renegocia el significado del tiempo (Bauman, 2003).

Sin entrar en este fascinante tema, queremos limitarnos a indicar que hoy el tiempo de ocio es "esquivo" y el espacio para compartir y escuchar al otro es cada vez más limitado, sin embargo, siempre hay tiempo para una buena historia.

La narración sigue ofreciendo momentos de gran emoción, pues nos encanta y nos permite detener la actividad diaria. Es un momento "especial" donde se crean vínculos entre lo ordinario y lo excepcional, entre la realidad y la fantasía.

De hecho,todos contamos historias (de forma individual o colectiva) y con ellas describimos nuestras vidas,nuestras emociones y también lo que nos gustaría hacer, ser o llegar a ser.

Se narra alrededor del fuego, frente al cielo estrellado, en la oscuridad, en el coche, en el aula. Lo hacemos en presencia, por voz, por escritura, por imágenes;en las redes sociales, en la web (en vivo, diferido, etc.).Utilizamos Instagram, FB, Linked-In, Tik-tok, YouTube, sitios de reuniones, etc.

Sobre la base de lo que se ha explicado, cabe señalar que aquí queremos destacar la importancia de devolver el tiempo y el espacio a la narración, porque representa para los hombres un medio eficaz de expresar sus emociones.

En última instancia, el discurso que transmitimos siempre está lleno de emociones. En otras palabras, amamos, deseamos, odiamos o somos indiferentes a situaciones o personas y es por eso por lo que nos expresamos, transformando así el discurso en algo más que una descripción de los hechos, enriqueciéndolo y dándole "color" y contenido emocional.

Son estos diálogos externos e "internos" los que determinarán en gran medida nuestra motivación, es decir, el motor que nos llevará a actuar de cierta manera, a conseguir lo que nos gusta o alejarnos de lo que no nos gusta, y todo ello en base a lo que "nos decimos a nosotros mismos".Por ejemplo, si nuestra narrativa es negativa sobre nuestras habilidades, a pesar de las buenas "intenciones" de lograr un objetivo, no intentaremos alcanzarlo guiado por esas ideas.

Por otro lado, las historias ofrecen una variedad de significados para hacer frente a la vida, capaces de ayudar a las personas a reducir elmiedo. De hecho, el tiempo y el espacio narrativo pueden ofrecer a los individuos nuevas oportunidades para la autoexpresión, para el encuentro entre sí, para la apertura a lo nuevo, donde los prejuicios pueden ser amortiguados y los conflictos / malentendidos pueden ser resueltos.

La inteligencia emocional por su parte le da a la persona la capacidad de cambiar su discurso interno sobre lo que sucedió, está sucediendo o sucederá, de una manera que nos facilita aceptar situaciones que ocurren, especialmente cuando el resultado no depende de nosotros.

Como se destacará más adelante, una persona conuna inteligencia emocional desarrollada será capaz de superar los traumas experimentados con mayor facilidad, también gracias al uso de la terapia,que puede actuar sobre la modificación del diálogo "interno" con respecto a los eventos que sucedieron (situaciones que han puesto en peligro a la persona) yque pueden afectar suvida de forma significativa.Gracias a esta reestructuración del discurso interno la persona puede llevar una vida "más normal", superando situaciones traumáticas.

Esto se debe a que cuando escribimos un discurso narrativo, ponemos en marcha importantes mecanismos de reflexión, porque en muchas situaciones se trata de comparar nuestros pensamientos, para expresarlos adecuadamente sobre aspectos que ni siquiera hemos pensado.

Por ejemplo, si alguien nos pregunta cuál es nuestra posición sobre el conflicto árabe-israelí, hasta entonces puede que no nos hayamos detenido a reflexionar sobre ello, o puede que no tengamos una posición clara. Sin embargo, cuando respondemos, tomamos una postura y esa respuesta determinará las decisiones futuras sobre este asunto, porque la mayoría de las veces preferimos mantener una cierta coherencia interna. Por lo tanto, si hemos dicho que estamos de acuerdo con la política de Israel en el caso de los asentamientos, probablemente aplaudiremos los intentos de paz que se están produciendo en este sentido; Por el contrario, si creemos que la causa Palestina tiene una base histórica, apoyaremos los movimientos que tratan de liberar a los palestinos de la ocupación. Todo depende, en parte, de una decisión en un momento dado generada por una narrativa interna que regirá nuestro comportamiento futuro.

De hecho, la narración de historias es un medio por el cual tratamos de poner en orden nuestros pensamientos, nuestras experiencias diarias, nuestras historias y recuerdos y darle sentido.

Ahora está claro que la narración no es competencia exclusiva de escritores profesionales (novelistas, historiadores, periodistas). Hay muchos modos narrativos para representar eventos reales o ficticios, a través de metáforas, palabras, imágenes, sonidos, canciones. Esta actividad se refleja no sólo en muchos testimonios antiguos del hombre, sino también en la comunicación diaria de hoy.

Además, cabe señalar que, ante situaciones inciertas e inesperadas, las historias pueden ofrecer esperanza, dar sentido a los acontecimientos o simplemente dar lugar a la curiosidad. Como dice Storr, los narradores"crean un momento de cambio inesperado que capta la atención de sus personajes y, en consecuencia, la del lector y el espectador". "Los hombres tienen sed de conocimiento insaciable. Los narradores saben aprovechar estos instintos creando mundos, pero buscando revelar al lector lo que hay que saber" (Storr, 2020, p. 3-7).

El interés en una historia de otros puede aumentar especialmente en momentos de cambio en nuestras vidas. Ya quela narración se nutre del capital narrativo, de la vida personal y/o grupal y, en consecuencia, representa una herramienta válida para construir espacios transformadores y también espacios de comunicación efectivos, llenos de significado, emociones e imaginación!

Si bien hasta ahora hemos hablado de "emoción" aún no hemos definido lo que queremos decir con este concepto.Enel próximo capítulo se esbozarán sus características y se profundizará en el hecho de que es importante dar espacio a las emociones.

Referencias

Bauman, Z. (2003). Modernidad líquida. Fondo de Cultura Económica: México.

Bettelheim, B. (2003). Il mondo incantato. Uso, importanza e significati psicoanalitici delle fiabe. Milano: Feltrinelli.

Bruner, J. (1988). La mente a più dimensioni. Roma: Laterza.

Bertman, S. (1998). Hyperculture. The Human Cost of Speed. Westport, Conn: Praeger.

Bondioli, A. (2000). Gioco e educazione. Milano: Franco Angeli.

Barrett,L.,Dunbar,R., &Lycett,J. (2002).Human evolutionary psychology.Princeton University.

Eleta, P.G. e Henderson, P. (2013). Young Watson And The Warrior's Sword. Ed. - Kindle Edition e in versione cartacea: Milano.

Fabbroni, F. e Faeti, A. (1983). Il lettore ostinato. Firenze: La Nuova Italia.

Levorato, M.C. (2000).Le emozioni della lettura. Bologna: Il Mulino.

Merletti, V.R. (1998). Raccontar storie. Milano: Mondadori

Mingoia, E. (1997). Nel mondo delle fiabe. Roma: Nuova Era.

Smorti, A. (1994).Il pensiero narrativo. Costruzione di storie e sviluppo della persona. Firenze: Giunti.

Storr, W. (2020). La scienza dello storytelling. Come le storie incantano il cervello. Torino: Codice. (Storr, W. (2019). The science of storytelling. William Collins: London U.K.)

Capítulo 2. Emociones

Ya sean eventos reales o imaginarios, la historia siempre tiene un fuerte componente emocional que puede ser positivo, negativo o ambos. Cuando contamos una historia, activamos una serie de emociones que están relacionadas tanto con nosotros mismos (en función reflexiva), como con el contexto de referencia.

Las emociones son parte de la vida. Aunque a veces no nos demos cuenta de esto, están presentes en cada una de nuestras acciones y en las decisiones que tomamos, por lo que es importante entenderlas.

Desde que te levantas por la mañana, las emociones se activan para dar cuenta de cómo todos se sienten y ven lo que los rodea. Un mal sueño, un dolor constante mientras intentábamos dormir o una preocupación que no nos permitió descansar en toda la noche son suficientes para hacernos levantar de mal humor. Conesta actitud es difícil tener un buen día, pues parece que todo nos molesta, una frase dicha por alguien o una simple mirada puede hacernos "saltar" o demostrar de la peor manera nuestro enojo o malestar.

Cuando nos despertamos después de una noche tranquila, en un lugar de ensueño, durante las vacaciones, junto con la persona que amamos, todo se ve de "color de rosa" y nos parece que el mundo se detiene y se vuelve más pacífico, donde atribuiremos cualquier posible inconveniente a causas pasajeras, distribuyendo sonrisas y bellas palabras a "diestra y siniestra", y no nos importará si otros nos han hecho algo o no.

Las emociones no son solo aquellas que se sienten y expresan de adentro hacia afuera, también son lo que somos capaces de percibir en los demás. Vivimos en un mundo eminentemente social y por eso es importante nuestro desarrollo emocional, también para poder identificar una expresión de desaprobación, una mirada traviesa o una sonrisa sincera.

Hay muchas pistas que ayudan a entender lo que está sucediendo a nuestro alrededor y uno de los componentes principales es el lenguaje, verbal /paraverbal y no verbal. Donde no es sólo importante el contenido sino también el cómo se dice, así un "¡Te amo!" o un "¡Ya no quiero verte!" va a venir matizado a través del volumen de la voz (susurrando o gritando) y el tono con el que se dice (sinceramente o con sarcasmo).

El lenguaje no verbal se expresa a través de la distancia que se mantiene con respecto a la otra persona (cerca, lejos), la posición del cuerpo (por ejemplo, inclinado hacia adelante o hacia atrás) y la gesticulación, tanto de las manos (por ejemplo, con el puño en un gesto de amenaza o con la mano extendida, ofreciéndolo) como de la cara (por ejemplo,levantar o fruncir el ceño o abrir y cerrar muchola boca).

Al respecto cabe indicar que la cara es la mejor tarjeta de visita, así el rostro y su mimetismo son elementos importantes que sirven tanto para expresar emociones como para identificarlas en el otro.De hecho,los recién nacidos prestamos más atención a los rostros que a cualquier otro estímulo, por lo que se puede decir que estamos predispuestos a analizar estas expresiones.

¿Qué sucede cuando narramos?

Cuando compartimos nuestras emociones mediante una historia, estas se van a manifestar de muchas maneras que van a determinar tanto el discurso completo como las formas en que nos expresamos (comunicación verbal y no verbal).

Como ya hemos anticipado, la comunicación verbal/paraverbal se refiere al contenido del discurso, las palabras utilizadas, sus significados y estructura, la prosodia; mientras que la comunicación no verbal se refiere a otros elementos que utilizamos para fortalecer, enfatizar o aclarar nuestro mensaje como gesticular con nuestras manos, mover nuestro cuerpo de una manera particular, etc.

Sin embargo, en la comunicación, como acabamos de señalar, son las expresiones faciales las que juegan un papel másimportante. Así, cabe indicarse que la cara tiene más de treinta músculos, que son controlados por nervios craneales como el facial, oculomotor, troclear o trigémino, de los cuales el cerebro recibe la información propioceptiva necesaria para identificar las emociones mientras activa los músculos adecuados para expresarlas.

Aunque se han identificado algunos patrones recurrentes de expresión de emociones, parecen tener un alto grado de aprendizaje social, así y según los estudios transculturales, dependiendo de la región del mundo en la que se encuentre, la misma emoción se puede expresar de una manera u otra. No obstante, casi todo el mundo es capaz de reconocer estas características:

- Cierre de cejas curvas y levantadas, piel estirada debajo de los ojos, arrugas horizontales en la frente, párpados abiertos y mandíbula, ante una sorpresa.

- Cejas cerradas y contraídas, arrugas en el centro de la frente, párpado superior abierto, boca y labios abiertos o tensos, por miedo.

- Labio superior levantado, mejillas levantadas, cejas bajas, nariz arrugada, por asco.

- Cejas bajadas y contraídas sobre sí mismas, párpado inferior estrecho, labios estrechos, líneas verticales entre las cejas, por ira.

- Comisuras levantadas y contraídas de la boca, mejillas levantadas, arrugas debajo del párpado inferior, arrugas con "patas de gallo", pliegue naso-labial, para la felicidad.

- Ojos hacia arriba, comisuras de la boca hacia abajo, comisuras de los párpados superiores levantados, por tristeza.

Partiendo de la idea básica de que los miembros de una misma sociedad comparten características claramente identificativas respecto a la forma en que expresan sus emociones en el rostro, se han desarrollado una serie de técnicas que automatizan el proceso, permitiendo detectar cualquier emoción simplemente mirando una imagen del rostro de una persona. Estas técnicas se han denominado "técnicas automáticas de reconocimiento de emociones".

Identificar emociones en los rostros ajenos es una habilidad que en el recién nacido se va configurando desde los primeros momentos de la vida, gracias a su capacidad innata de imitación. Pero es una habilidad que, lejos de mantenerse estable en el tiempo, disminuye gradualmente con la edad, o al menos esto es lo que ha demostrado una investigación publicada en la revista científica Psychological Science, llevada a cabo en Alemania por el Instituto Max Planck para el Desarrollo Humano (Havas e Matheson, 2013).

El estudio comienza con una revisión de los hallazgos anteriores sobre que los hombres tienen más dificultad para reconocer las emociones de los demás, necesitando más tiempo de exposición a la cara que expresa la emoción a identificar, antes de poder dar una respuesta correcta.

Los resultados anteriores también muestran que a las personas mayores les resulta más difícil que a los jóvenes analizar las emociones de sus semejantes. El nuevo estudio se llevó a cabo en cien parejas divididas en dos grupos de edad, entre las edades de veinte y treinta años (grupo de jóvenes) y entre setenta y ochenta años (grupo de ancianos) y consistió en observar cómo se comportan los sujetos y si son capaces de identificar las emociones de su pareja.

Con los datos aportados por el estudio se puede concluir que los dos grupos logran resultados similares, independientemente de la edad. Esta aparente mejoría en el grupo de ancianos, que normalmente lograron peores resultados, se explica por la experiencia acumulada previamente a lo largo de una vida pasada en común, lo que permite utilizar otras señales, además de la expresión facial, para entender lo que el otro está sintiendo.

Como parte del estudio de las características identificativas de las emociones, se han desarrollado algunas técnicas de investigación basadas en patrones recurrentes en el uso de la voz, a través de las cuales se ha demostrado que, al provocar ciertas emociones como el estrés,en la producción verbal se generan "distorsiones". El análisis de estas distorsiones nos permite ampliar y enriquecer el estudio sobre las expresiones faciales.

Tal es la importancia de la expresión no verbal, especialmente la del rostro, que cuando algo nos impide realizar una expresión correcta otros nos perciben como personas más frías y distantes. Este es el caso de aquellos que han sufrido de parálisis total o parcial de los músculos faciales, por ejemplo, como resultado de un accidente o ataque cerebrovasculares, pero ¿qué sucede cuando se paralizan voluntariamente los músculos faciales con Botox para parecer más jóvenes?

El Botox está de moda, al menos eso es lo que se puede inferir del creciente número de personas que lo usan, donde cada día aumenta el número de tratamientos médicos realizados en busca de la imagen deseada, obtenidos a través de cirugías o inyecciones de Botox (toxina botulínica), con la firme convicción de que, verse más joven y con una mejor presencia frente a los demás te hará más feliz.

En el ámbito psicológico existe desde hace algunos años una controversia relacionada con el mundo de las emociones, al tratar de distinguir lo que viene primero, si la respuesta fisiológica de la emoción o el sentimiento que causa. Algunos autores afirman que el cuerpo expresa una emoción y más tarde la persona la recoge y le da un nombre,por lo que las emociones fluirían desde el exterior hacia adentro. La posición opuesta afirma que las emociones se originan en el interior y son reflejadas por el organismo, es decir, van de adentro hacia afuera.

Los primeros, que defienden el modelo de fuera a dentro, invitan a realizar ejercicios para expresar conscientemente las emociones que se "quieren experimentar", de modo que si quieres ser feliz solamente tienes que sonreír todo el día y los músculos se encargarán de hacer entender al cerebro la experiencia de la alegría.

Los autores que defienden el modelo de dentro a fuera creen que no se puede expresar lo que no se siente, por lo que consideran al organismo como un reflejo de nuestro interior. Gracias a esta segunda aportación fue posible realizar estudios de detección de emociones basados en los rasgos somáticos y conductuales de la persona, utilizando cuestionarios como el

Sistema de Codificación de Acción Facial (F.A.C.S.), pero una vez conocida esta distinción se hace posible responder a la pregunta de si el uso de Botox trae mayor felicidad.

En principio, el Botox responde a la necesidad de presentar una mejor imagen, con la posibilidad de obtener algunos beneficios secundarios como la aceptación social, la obtención de un empleo en caso de trabajar en contacto con el público, etc. En este sentido, un estudio realizado por la Universidad de Wisconsin nos informa de los efectos adversos del Botox. No se trata de un estudio médico sino de un estudio psicológico, publicado en la revista científica Psychological Science.

El estudio analizó el nivel de empatía mostrado por las personas que habían recibido Botox, en comparación con otras que no lo habían usado. La tarea era leer un texto cargado de emociones, al final del cual el sujeto tenía que decir lo antes posible cuál era la emoción contenida en el texto.

Para el experimento se utilizaron textos que expresaban tres tipos de emociones: alegría, tristeza y enojo. Si el Botox (el único elemento que diferenciaba entre los participantes de ambos grupos) no hubiera tenido ningún efecto en las emociones, no se habrían encontrado diferencias en los resultados. El citado artículo nos informa que hay una diferencia notable a la hora de identificar las emociones negativas[2] de ira y tristeza, mientras que no hay diferencias en el caso de la alegría. ¿Qué significa eso exactamente?

Teniendo en cuenta el hecho de que el Botox se inyecta en las áreas de expresión de las emociones negativas, que son las que provocan esos surcos tan característicos, es comprensible si nos atenemos a la teoría de las emociones que van de fuera a dentro, que no se puede sentir lo que no se puede expresar. Es decir, el

Botox evitaría que las emociones negativas se "sintieran" con la misma intensidad, pero ¿qué hace que uno se dé cuenta de que la lectura de un texto debe provocar una emoción?

Esto es así debido a un fenómeno denominado cognición encarnada, donde para identificar las emociones de otro, o en un texto como en este caso, utilizamos micro expresiones faciales que facilitan la empatía.Cuando leemos la descripción de emociones como la alegría, la ira o la tristeza, sin necesariamente darnos cuenta imitamos los gestos faciales correspondientes, lo que nos permite entender mejor qué emoción es.

Es decir, las emociones se transmiten entonces por nuestros gestos, por nuestras diversas manifestaciones… especialmente cuando contamos historias. De hecho, la narración es una herramienta natural del hombre para expresar sentimientos y pensamientosy sirve para construir espacios de comunicación efectivos queincluye, además de las emociones, muchos otros aspectos de comunicación como el contenido, la intencionalidad, y obviamente está cargado de gestos y expresividad, por lo que también entran en juego las micro expresiones faciales antes mencionadas que a menudo reflejan aspectos relacionados con la identidad sociocultural y que facilitan la empatía.

Por ejemplo, el dicho napolitano "Vuttamme e mmane" (Echemos las manos) se utiliza, con un valor imperativo, para que una acción sea mas dinámica y mas rápida. De hecho, a un napolitano le costaría mucho no usar sus manos para contar una historia. Muchos de los gestos que utilizamos en nuestra vida cotidiana forman parte de una cultura específica de referencia y, en consecuencia, matizan el tiempo y el espacio de la narración.

Además, las emociones son el punto de partida de todo conocimiento y a través de la narración podemos simular e imaginar nuevas formas de resolver un problema o modificar ciertas conductas.

Pero si bien hasta ahora hemos tratado las emociones como algo externo, algo motivado por los cinco sentidos: la vista, el olfato, el gusto, el tacto y el oído. Sin embargo, también hayque tener en cuenta que hay otras emociones que surgen de nosotros, que también están estrechamente ligadas a la cultura en la que crecemos, como la culpa, una emoción de la que uno es consciente, que surge cuando sabemos que hemos hecho algo "malo" o que no hemos hecho lo "debido", por lo tanto, nace como un sentimiento de responsabilidad por acción u omisión.Para que este sentimientosurja, es inicialmente necesario que haya fundamentos morales, o al menos la conciencia de que lo que se está haciendo no se corresponde con las expectativas o que la falta de acción es indeseable. Actualmente se cree que la culpa, como el dolor, puede tener connotaciones positivas y negativas.

El dolor tiene la tarea de advertir que algo en el organismo no está funcionando correctamente y que debe ser remediado para resolver la situación. Este sería el dolor "positivo", que se vuelve "negativo" cuando ese mismo dolor perdura en el tiempo incluso después de que se han tomado medidas para resolver el problema.

Bueno, pues con la culpa, sucede exactamente lo mismo, esta se desencadena cuando hemos hecho algo que sabemos que está mal basado en nuestros principios morales, o cuando no hemos hecho algo que deberíamos haber hecho. Si esto nos lleva a reflexionar sobre las razones de nuestro error y a remediar sus efectos en la medida de nuestras posibilidades, con la intención de no volver a cometerlo ahora que hemos "aprendido la lección", de ser así sería una culpa positiva, ya que nos ayudaría a reflexionar y a crecer como individuo.

La desventaja surge cuando esta culpa dura demasiado tiempo, incluso cuando ya se ha remediado lo que la generó, y por lo tanto se convierte en un calvario para la persona que la sufre, que se sentirá mal consigo misma por lo que no puede olvidar.

Aquellos con esta culpa anquilosada, que ahora es parte de su forma de ser, podríansufrir de una serie de problemas de salud asociados a mantener un nivel de tensión continuada en el tiempo, como dolores de cabeza o estómagos, opresión en el pecho y una sensación de pesadez en los hombros. Además, tenderá a tener una forma de pensar bastante extremista, dividiendo las cosas en blanco o negro, buenas o malas, sin percibir los matices dados por las circunstancias, con pensamientos intrusivos de desaprobación y agresión hacia sí mismo.

En el caso de la culpa negativa, se pueden distinguir tres modos diferentes:

- Cuando te culpas a ti mismo por "todo el mal del mundo", ya sea que tenga algo que ver con nosotros o no. Esta condición se basa enellocus de control interno, en donde la persona se cree que es responsable de las consecuencias de todo lo que sucede a nuestro alrededor, cuando en realidad en la mayoría de las ocasiones el resultado no depende de lo que hagamos o no hagamos sino de la intervención de otras personas.

- Cuando culpas a los demás de todo lo que nos concierne, y no asumes ninguna responsabilidad por cómo actúas o las consecuencias que conlleva. En este caso la persona tiene un locus de control externo, según el cual la "culpa" de todo es siempre de los otros, incluso cuando no participaron en el evento en cuestión. Es lo que coloquialmente se llama "echar los balones fuera", y consiste en culpar siempre a alguien más, ya sea el compañero de trabajo o a la pareja sentimental, y es típico de las personas "inmaduras" cuyo desarrollo moral se ha detenido en una etapa temprana, en la que identifican el bien consigo mismo y el mal con los demás:

- Negar tanto las propias responsabilidades como las de los demás, atribuyendo todo a circunstancias externas como si estas fueran causadas por "entidades" que hacen y deshacen a capricho. Este modo de pensar es utilizado por personas de principios morales pobres, en el sentido de que nunca se sentirán responsables de los resultados de lo que hagan, por lo que continuarán actuando comoles plazca.

Un ejemplo es la persona que se justifica diciendo que "es la vida lo que me ha hecho así", para que no se moleste en cambiar y mejorar, haciendo lo que hace sin ningún tipo de remordimiento.

En ninguno de los casos de culpabilidad negativa descritos anteriormente se realiza un análisis de las circunstancias que llevaron al error, ni se hace responsable de las consecuencias que la acción o la inacción ha generado, por tanto, si el evento no ha servido para reflexionar y aprender, la próxima vez que se presente una situación similar, se volverá a cometer el mismo error.

Las tres situaciones descritas anteriormente solo perjudicarán el normal desarrollo de la persona, generando conflictos dondequiera que se encuentre, ya sea en la vida laboral, familiar o de pareja, ya que estas culpas vendrán acompañadas de las conductas correspondientes.

Así en el primer caso, la inactividad se utilizará para no "causar daños al resto", evitando el contacto con el mundo exterior. En los otros dos casos, buscará su propia satisfacción sin mirar más allá.

Cabe indicarse que el cerebro está preparado para procesar esta información emocional del mundo exterior, la cual es esencial para relacionarse en sociedad, pero de la misma manera que otras habilidades, el mayor o menor desarrollo de esta dependerá de cuanto se utilice.

Hay que señalar que la narración de historias puede convertirse en un medio eficaz para analizar las circunstancias que llevaron a los errores cometidos.Volver sobre lo acontecido, mirarsea uno mismo y escuchar en uncontexto diferente desde otros puntos de vista y otras narrativas, contribuye a tomar conciencia, a madurar ideas y emociones.

Como ya se ha mostrado, pensamos a través de discursos, o más bien a través de narraciones, para que sea más conveniente para nosotros a nivel neuronal recordar esa información relacionada con una historia, en lugar de almacenar información, fechas o nombres de personas que no tienen ninguna conexión entre sí. Crear historias es el trabajo del cerebro (Jonathas Haidt)[3].

No es para nada sorprendente descubrir que el secreto de los cursospresentes hoy en día en el mercado de la formación sobre cómo mejorar la memoria, es precisamente armar historias con los elementos que quieresrecordar.

Por ejemplo, si intentáramosrecordar una lista de 10 números, a cada uno de estos números se le da una imagen asociada y se trata de modelar una historia entre los 10 elementos, así podríamos contar la historia siguiendo cada uno de los diez números en el mismo orden en que aparecen en la historia.

Un método sencillo pero muy eficaz que explota todo el potencial de memoria del cerebro precisamente en su componente "cuenta historias".

De hecho, este método también se utiliza en los ámbitos educativo, empresarial y terapéutico como estímulo para hacer que uno refleje su propia forma de actuar y también con respecto a los contenidos a aprender (ver Capítulo 5).

De hecho, e intuitivamente, incluso antes de que el conocimiento se desarrollara gracias a la neurociencia, los profesores han utilizado tradicionalmente este sistema de enseñanza a través de historias desde una edad temprana, como la primera forma de acercar a los estudiantes al conocimiento, estableciendo así la base del aprendizaje.

Si consideramos que el desarrollo del cerebro es similar al de un músculo, cuanto más practique, cuanto más entrene, más se utilizará diariamente, mayores serán las posibilidades de obtener una capacidad emocional suficientemente desarrollada. Por el contrario, si practicas poco o nada, teniendo así una vida emocionalmente casi plana, lo que conseguirás será que el cerebro no desarrolle esta capacidad emocional.

Afortunadamente para aquellos que por alguna razón no han tenido la oportunidad de desarrollarlo lo suficiente, actualmente hay muchos cursos dirigidos precisamente a llevar a cabo una formación emocional a través de la cual mejorar las habilidades sociales, que es entonces el objetivo final que todos quieren alcanzar.

Como se ha mencionado hasta ahora, vivimos en un mundo social, en el que nos comunicamos constantemente, a través de palabras o gestos. Comunicación que, para ser efectiva, necesariamente debe abordar y tener en cuenta los aspectos emocionales. Sin embargo, sucede que a veces hay personas que, debido a diversas circunstancias, pueden manifestar dificultades de integración social, debido a circunstancias individuales y/o contextuales.

En otras palabras, una persona puede estar limitada en su capacidad de comunicarse tanto en términos de lenguaje como de las emociones que desea expresar. La narración de historias podría convertirse en este contexto en un medio eficaz para mejorar las habilidades sociales.

De hecho, con la narración ponemos en marcha representaciones significativas que parten de sus propias experiencias de vida y tienden a ser emocionantes porque recuperan y escenifican una experiencia personal y/o grupal.

La narración debe tener lugar en un sitio "protegido", donde las personas que participan en ella se sientan aceptadas y libres de expresarse; un espacio en el que prevalezca un clima de relajación y tranquilidad y, por lo tanto, se pueda involucrar para transmitir nuestras emociones al otro. Este aspecto es indispensable para cada viaje dentro de nosotros y para cada conocimiento no superficial de los demás.

Referencias

Athanasiadou, A., & Tabakowska, E. (Eds.). (2010). Speaking of emotions: Conceptualisation and expression (Vol. 10). Walter de Gruyter.

Blair, J., Mitchell, D., & Blair, K. (2005). The psychopath: Emotion and the brain. Blackwell Publishing.

Buhlmann, U., McNally, R. J., Etcoff, N. L., Tuschen-Caffier, B., & Wilhelm, S. (2004). Emotion recognition deficits in body dysmorphic disorder. Journal of psychiatric research, 38(2), 201-206.

Colombetti, G., & Thompson, E. (2007). The feeling body: Toward an enactive approach to emotion. In Developmental perspectives on embodiment and consciousness (pp. 61-84). Psychology Press.

Dael, N., Mortillaro, M., & Scherer, K. R. (2012). Emotion expression in body action and posture. Emotion, 12(5), 1085.

Enfield, N. J., & Wierzbicka, A. (2002). Introduction: The body in description of emotion. Pragmatics & Cognition, 10(1-2), 1-25.

Havas, D. A., & Matheson, J. (2013). The functional role of the periphery in emotional language comprehension. Frontiers in Psychology, 4, 294.

Haidt, J. (2012). The Righteous Mind: Why Good People are Divided by Politics and Religion. Pantheon/Random House: New York.

Menges, L. (2017). The emotion account of blame. Philosophical Studies, 174(1), 257-273.

Nadler, J. (2012). Blaming as a social process: The influence of character and moral emotion on blame. Law and contemporary problems, 75(2), 1-31.

Stanley, R. O., & Burrows, G. D. (2001). Varieties and functions of human emotion. Emotions at work: Theory, research and applications in management, 3-19.

Capitulo 3. El cerebro emocional

En el cerebro existe un circuito emocional-perceptivo-mnemotécnico, sobre cuya existencia hay un amplio consenso desde los descubrimientos de Antonio Damasio (Damasio, 1998), dentro de este circuito tiene un papel crucial la amígdala, que recibe información que es procesada antes de que accedamos conscientemente a ella.

Hay que tener en cuenta que la información con contenido emocional tiene muchas más probabilidades de ser almacenada y recuperada de manera eficiente en comparación con la información de contenido neutro.

La conexión extensa entre la amígdala y las regiones visuales de la corteza estriada y del hipocampo permite que la amígdala module su funcionamiento y facilite la función perceptiva y mnemotécnica en tales áreas. Sin embargo, hay datos que muestran que el aprendizaje emocional asociado con la amígdala es temporal, y que los efectos posteriores sobre la memoria pueden deberse a la participación de otras áreas del cerebro, como la corteza orbitofrontal.

En ese caso nos enfrentaríamos a un circuito de procesamiento emocional en contraste con la forma específica de procesamiento cognitivo.

Es decir, y basado en lo anterior cabe indicarse que el cerebro tiene dos formas de analizar la información entrante. En el circuito emocional los estímulos parecen ser analizados automáticamente de una manera más cruda y rápida, siguiendo una estrategia de configuración. Es una comunicación simplificada, pero con información de gran importancia, necesaria para la supervivencia y el correcto desarrollo dentro de nuestro nicho ecológico. Esta capacidad de procesamiento paralelo representa una ventaja competitiva para la supervivencia en el medio ambiente, ya que permite al sujeto evitar inmediatamente amenazas y peligros, incluso antes de que la información haya sido evaluada a nivel consciente en la corteza prefrontal.

La información del exterior pasa por un primer tamiz, en el que el sistema límbico debe dar "luz verde", antes de tomar conciencia. En este sistema, la amígdala desempeña un papel principal en la identificación de si los estímulos entrantes representan o no algún tipo de peligro; si es así, pone el organismo en movimiento para que pueda dar lo antes posible una respuesta de lucha, huida o evitación, es decir, "salir corriendo" o permanecer "congelado" tratando de asegurarse de que el peligro no nos vea. Estas reacciones son herencia de la época en que nuestros antepasados se enfrentaban a animales que solo podían verlos cuando estaban en movimiento.

La alegría, la tristeza, la ira, la culpa son sentimientos que "colorean" la forma en que somos y pensamos, y en última instancia guían nuestro comportamiento.

Por ejemplo, la publicidad está diseñada precisamente para afectar las emociones del consumidor, asociándolas a un determinado producto o servicio para que cuando el consumidor lo vea, recuerde la emoción que se siente durante la publicidad y por tanto tenga una mayor propensión a comprar.

Pero el mundo de las emociones, y en consecuencia la influencia del sistema límbico va mucho más allá de servir de filtro para "sentir" emociones, positivas o negativas. Además de todo esto, las emociones juegan un papel fundamental en lo que capta nuestra atención, lo que aprendemos y las decisiones que tomamos.

Referencias

Beer, J. S., Lombardo, M. V., & Gross, J. J. (2007). Insights into emotion regulation from neuropsychology. Handbook of emotion regulation, 69-86.

Borod, J. C. (Ed.). (2000). The neuropsychology of emotion. Oxford University Press.

Calder, A. J., Lawrence, A. D., & Young, A. W. (2001). Neuropsychology of fear and loathing. Nature reviews neuroscience, 2(5), 352-363.

Damasio, A. R. (1998). Emotion in the perspective of an integrated nervous system. Brain research reviews, 26(2-3), 83-86.

Davidson, R. J. (1993). The neuropsychology of emotion and affective style.

Joseph, R. (1996). Neuropsychiatry, neuropsychology, and clinical neuroscience: Emotion, evolution, cognition, language, memory, brain damage, and abnormal behavior. Williams & Wilkins Co.

LeDoux, J. E. (1995). Emotion: Clues from the brain. Annual review of psychology, 46(1), 209-235.

LeDoux, J. E. (2000). Emotion circuits in the brain. Annual review of neuroscience, 23(1), 155-184.

Lindquist, K. A., Wager, T. D., Kober, H., Bliss-Moreau, E., & Barrett, L. F. (2012). The brain basis of emotion: a meta-analytic review. The Behavioral and brain sciences, 35(3), 121.

Suchy, Y. (2011). Clinical neuropsychology of emotion. Guilford Press.

Young, L., & Koenigs, M. (2007). Investigating emotion in moral cognition: a review of evidence from functional neuroimaging and neuropsychology. British medical bulletin, 84(1), 69-79.

Capítulo 4. Inteligencia Emocional y Storytelling

Se puede decir que se vive en un mundo de emociones, al igual que se puede afirmar que se vive en un mundo social. Esto hace que las personas que sean más hábiles en términos de rendimiento emocional sean las más exitosas. Por ejemplo, un comerciante de cualquier producto o servicio principalmente vende emociones, y la otra persona compra o asimila lo que vende.

Los medios de comunicación, televisión, radio, o cualquier otro canal, buscan estimular emociones con sus anuncios y así vender más sus productos o servicios; pero no todas las personas tienen el mismo nivel de capacidad emocional. Así, hay algunos que, por diferentes razones, no desarrollan suficientemente esta capacidad, la cual se ha denominado Inteligencia Emocional.Para entender mejor esta capacidad ver el libro de Daniel Goleman, en donde se muestra cómo desde hace algunos años la investigación se ha orientado en esta dirección.

Tradicionalmente, la inteligencia se ha definido como la capacidad de resolver satisfactoriamente una serie de cuestionarios "estandarizados" para la población "objetivo" sobre la base de las características genéticas.4

Aunque el uso de cuestionarios de inteligencia surgió en el siglo XIX, muchos consideraron que estas pruebas eran "injustas", queriendo evaluar a toda la población "con el mismo criterio".

A principios del siglo pasado, surgió una polémica durante los estudios realizados por las fuerzas armadas de Estados Unidos que examinaron la relación entre inteligencia y raza, es decir, analizaron los resultados obtenidos por la población americana en función de si el participante era de color o blanco, y entre los "nativos" americanos e inmigrantes, concluyendo que los blancos de origen anglosajón tenían mejores resultados que otros grupos raciales e inmigrantes, y que esto resultados eran superiores frente a otros grupos raciales e inmigrantes cuya lengua materna no era el inglés. Todo ello ha motivado la modificación de las políticas educativas encaminadas a "compensar" estas diferencias.

Estudios posteriores revelaron el defecto de estosresultados debido a la "incorrección" de las pruebas utilizadas que no tuvieron en cuenta la característica de la "jerga" de la población objetivo que se quiso analizar, ya que es necesario ajustar esta prueba según a quién se dirigió, es decir, en cuanto rectificaron los enunciados de las pruebas usando un lenguaje accesible, se observó que no existían estas diferencias en función de la raza ni del origen de inmigración.

A pesar de ello, el COEFICIENTE INTELECTUAL sigue siendo una medida válida para determinar la capacidad de resolver una serie de pruebas diseñadas y preparadas por psicólogos, que siguen estrictos estándares de control establecidos por la psicometría (ciencia de la medición) para que sus resultados sean válidos y fiables para la población a la que se aplican.

Gracias a ello, se puede predecir el nivel de éxito académico, y con ello el futuro profesional de los estudiantes, mucho antes de que puedan ser conscientes de sus capacidades y posibilidades. También se utiliza en el campo de la selección de personal, con el fin de encontrar el candidato ideal para el puesto, que no tiene por qué ser el más calificado o el más experimentado.

Teniendo en cuenta que a lo largo de los años la psicometría se ha ido perfeccionando y mejorando para que su fiabilidad sea bastante alta, por lo que las empresas deciden "su futuro" en base a los resultados de las evaluaciones realizadas por los servicios de recursos humanos.

Tal y como se ha ejemplificado, la evaluación de la inteligencia es un tema controvertido, tanto por su definición como por lo que implica socialmente. En cuanto a la definición, hay muchos que todavía comparan la inteligencia con una sola construcción, es decir, si eres inteligente o no, y si lo eres, puedes ser "promedio", por debajo de la media, o por encima de la media. En este último caso, puedes ser más inteligente que el resto, talentoso o un genio, en diferentes grados. Ese sería el caso si siguiéramos el modelo clásico de inteligencia, ahora en desuso.

Aunque en las últimas décadas, el concepto de inteligencia ha sido cuestionado, se ha entendido que no es algo unitario, sino que existen múltiples inteligencias, como la inteligencia espacial, la inteligencia verbal, la inteligencia matemática, la inteligencia musical, etc.

Así una persona que tiene altas habilidades desarrolladas para la música será un gran "Chopin" o "Mozart" de la actualidad, pero, por ejemplo, puede que nunca destaque al hacer integrales, derivadas o trigonometría. Otra cosa es el "genio", en la medida que puede dominar varias de estas áreas de la inteligencia.

El hecho de que la comunidad científica haya reconocido que no sólo existe un tipo de inteligencia, sino una multiplicidad de formas ha permitido el desarrollo de nuevos enfoques terapéuticos y formativos más inclusivos, con una fuerte atención a la persona.

Este enfoquedel concepto de "inteligencia" fue un impulso hacia la búsqueda de un acceso diferente al conocimiento, a los espacios comunes, tejiendo una malla lo más amplia posible para incluir a todos los sujetos en su diversidad (Eleta, 2020).

Para facilitar los procesos de enseñanza-aprendizaje, los itinerarios de actualización profesional, y las relaciones sociales entre sí, es cada vez más evidente la necesidad de ampliar los límites para dar espacio a las diversas formas de participación e implicación de las personas, potenciando las diferentes habilidades y conocimientos.

Por lo tanto, se trata de cómo abordar las singularidades de los estudiantes para que mejoren permitiéndoles aprovechar al máximo los recursos que pueden tener a su disposición.

Por ejemplo, en este sentido, el uso de diferentes lenguajes expresivos alternativos ciertamente puede captar por contraste y diversidad las necesidades individuales y grupales (ya sean componentes adultos, jóvenes o niños). Sin embargo,es necesario evaluar qué lenguaje proponer y cómo desarrollarlo e integrarlo con otros lenguajes (Dolci M. y Eleta P. 2018).

El papel de la escuela y la inteligencia emocional

En cuanto a la inteligencia emocional consideramos la narración de historias una metodología interesante, ya que la storytelling representa un fuerte estímulo para expresarse libremente, encontrando sus propios modos narrativos que se pueden enriquecer con el uso de múltiples lenguajes expresivos, no solo con palabras, sino también con canto, música, metáfora, video, fotografía, etc.

Sentimientos como la alegría, la tristeza, la culpa, la ira,guían nuestro comportamiento y pueden ser analizados y "gestionados" también gracias a historias individuales y/o colectivas. Estas narrativas pueden representar eventos reales o ficticios y llegar a la vida a partir de las emociones, el conocimiento, las fantasías, las habilidades, así como de otros aspectos de la propia historia y personalidad.

Aunque desde el momento del nacimiento e incluso antes, el niño experimenta emociones, estas al principio están muy cerca de las necesidades fisiológicas. Poco a poco y a medida que se va ganando experiencia, surgen emociones secundarias, aquellas que se asocian al aprendizaje, aunque el pequeño apenas sea consciente de ello.

Hay que tener en cuenta que la Inteligencia Emocional surge como una competencia social, que se "corrige" a medida que avanza con la práctica, muy próximo a los valores y costumbres del lugar donde se desarrolla, pero en la adolescencia, estas emociones son cuestionadas, debido a cambios hormonales, fisiológicos y psicológicos.

A medida que el cuerpo del adolescente cambia, también lo hacen sus emociones, ya que estas están conectadas con la forma de relacionarse con uno mismo y con los demás, aspectos que ya no son estables pero que con el tiempo llegarán a ser constantes.

En la adolescencia el niño comenzará a ser tratado como un "adulto", y se le pedirá que asuma responsabilidades y derechos.De la misma manera, en el ámbito social, la familia ya no es el centro de referencia, sino que se extenderá a los amigos, mientras que al mismo tiempo comienzan a despertar algunos "sentimientos" hasta entonces desconocidos, relacionados con el enamoramiento y la sexualidad.

En cuanto a la autoimagen y el desarrollo del pensamiento a lo largo del tiempo, por ejemplo, lo que es bueno undía, al día siguiente puede ser "detestable". En este contexto el adolescente también trata de entender y enfrentar el nuevo mundo de las emociones que surgen, y para las que se vuelve particularmente sensible, debido al aumento de hormonas en la sangre.

De esta manera es fácil vivir en el mismo día sentimientos como,por ejemplo, incertidumbre, decepción, confusión e inseguridad, porque el adolescente aún no ha establecido una personalidad que permita "defenderse" adecuadamente ante peticiones externas.

Del mismo modo, pueden surgir sentimientos de soledad, la creencia de "no ser entendido", un aspecto que podría llevar a la aparición de una sintomatología depresiva.

Es en este período que las emociones se perciben con mayor intensidad, por lo que es "fácil" encontrar a los jóvenes en manifestaciones y protestas, incluso si provocan actos violentos; pero también en O.N.Gs e instituciones altruistas, con las que se sienten identificados e invierten tiempo y esfuerzo en estas causas.

Hay que tener en cuenta que los jóvenes siguen en formación, en aspectos como la escala de valores personales, y que tienden a involucrarse en cosas que, a los pocos años, el propio joven considera años simplemente "vacíos". El desarrollo moral también está ganando terreno en esas edades, por lo que en la adolescencia todo tiene una "justificación" si es por una "buena causa".

Una combinación de rebeldía, búsqueda de identidad, exploración de los límites de la sociedad, que se "mezclan" con el tiempo, en cuanto avanza el desarrollo moral de los jóvenes.

En esta etapa de desarrollo, algunos adolescentes sobreestiman sus posibilidades y se "mueven" por razones hedonistas, buscando todo lo que produce placer y satisfacción; escapando de cualquier cosa que suponga responsabilidad o que pueda implicar un esfuerzo.

En esta etapa, no solo se cambiará la forma de experimentar las emociones, sino que el adolescente tendrá que aprender a expresarlas adecuadamente e interpretar correctamente las emociones de los demás. Sin embargo, es un periodo en el que es fácil "equivocarse" con las "señales" del otrosexo, ya que es un lenguaje que hay que desarrollar y aprender poco a poco.

En caso de que los padres hayan dado una educación emocional rica a los niños, estos muestran menos problemas para adaptarse a su nueva condición a medida que crecen.

Por lo tanto, será más fácil abandonar el papel de "pequeño" cada vez que asuman nuevas responsabilidades con respecto a su vida, emociones y pensamientos. Sin embargo, si este es el desarrollo "normal" de los adolescentes, a veces hay que enfrentarse a situaciones de humillación y, por tanto, abuso o incluso maltrato dentro de la escuela, provenientes de sus propios compañeros, como en el caso del bullying.

Los trastornos emocionales más comunes entre los adolescentes, son los trastornos de ansiedad y depresión, aunque también pueden presentarse fobias.

Incluso en estos casos, la narración de historias puede resultar ser una herramienta eficaz. En los últimos años se ha utilizado con éxito, por ejemplo, en diferentes realidades socioeducativas para concienciar y prevenir casos de acoso escolar.

A este respecto indicar que entre las muchas experiencias cabe destacar el proyecto "STOP BULLYING 2.0" Educación entre pares y narración digital para prevenir, identificar y contrarrestar las formas de acoso y ciberacoso entre niños y jóvenes de 8 a 16 años, en 20 regiones italianas. El proyecto, que duró 18 meses, involucró a todas las regiones italianas, para un total de 25 centros educativos entre escuelas primarias y secundarias y puso a niñas y niños en el centro como protagonistas de la historia sobre el tema del acoso escolar y el ciberacoso. El proyecto fue financiado por el Ministerio de Trabajo y Políticas Sociales de conformidad con el Decreto n.º 1/2018.5.

Otra experiencia se llevó a cabo en Taiwán[6] aquíla narrativa se consideró un buen enfoque para colocar a los estudiantes en un escenario específico y para facilitar su evaluación de las diversas situaciones y orientarlos en la resolución de conflictos.

Los estudiantes se involucrarongracias auna gratificación económica; donde tuvieron que elegir entre las diferentes pistas predefinidas de lahistoriaydesarrollar el personaje principal, escribir el guiony ocuparse de la grabación de voz.

A través de la participación en diferentes roles como acosadores o víctimas, los profesores han sido capaces de ayudar a desarrollar alos estudiantesen sus pensamientos y emociones ante las diversas situaciones de conflicto cognitivo y emocional.

En el proyecto participaron 63estudiantes de secundaria de Taiwán, utilizando la edición multimedia scratch como plataforma para apoyar la narración de historias y animaciones. Debido a que los alumnos estaban dispuestos a expresar sus pensamientos, la narración digital era un buen apoyo para obtener una mayor conciencia del acoso escolar.

En resumen, la narración de historias puede convertirse en una herramienta eficaz tanto para ampliar el "espacio social" y contener las emociones y sentimientos que se entrelazan dentro de él (ansiedades, miedos, alegría,...), como para mejorar el conocimiento, las inteligencias múltiples y las habilidades de los diferentes participantes en la actividad.

Como se explorará más adelante,la narración de historias también puede ser efectiva con los adultos, como en las vías de apoyo a la crianza de los hijos (ver Capítulo 5).

Hablando de familias hay que tener en cuenta que, aunque no todas las enfermedades mentales tienen un alto índice de heredabilidad, el porcentaje de casos en los que un niño puede tener una psicopatología aumenta, en caso de que uno de los padres la haya sufrido.

Las causas, si no se deben a la herencia, se explican por el entorno, en este caso, el entorno familiar en el que se desarrolla el niño, quepuede haber estado "presenciando" los episodios agudos de la enfermedad de uno desuspadres. Inclusocuando un adulto sufre de una psicopatología, puede que no sea el ambiente más apropiado y "saludable" para el desarrollo del menor, ya que cada uno de estos factores puede ser el germen sobre el que construir una psicopatología futura, por parte del niño, a medida que crece.

Como se ha observado, en el caso de los padres que sufren trastornos de ansiedad o depresión severa, se ha producido un aumento significativo del sufrimiento de estas psicopatologías por parte de los niños. Es decir, los hijos de padres ansiosos muestran mayores niveles de ansiedad, llegando incluso a ser patológicos, e incluso con un estado depresivo, que se convierte en un trastorno mayor de la depresión. Pero¿hasta qué punto puede un padre notar la presencia de la misma sintomatología en sus hijos?

Esto es lo que se trató de responder mediante una investigación realizada por la Universidad de Groninga, el Centro Médico universitario de Leiden (Países Bajos) y el Centro Médico universitario de la VU (Ámsterdam), publicado en 2014 en la revista científica BMC Psychology.

En el estudio participaron 25 padres, que habían sufrido trastornos del estado de ánimo unipolar o ansiedad, y niños entre la edad de 8 y 18 años. Todos ellos tuvieron una entrevista semiestructurada sobre diversos temas, sobre su forma de educar y sobre la salud psicológica de sus hijos.

Los resultados informan que, aunque los padres saben que ofrecen la misma calidad en el cuidado y la atención de sus hijos, que cualquier otro padre, en realidad resultan estar más preocupados por la presencia o no de la sintomatología que han sufrido ellos mismos, como parte de su psicopatología.

Casi todos los padres están de acuerdo en que sus hijos deben recibir atención especializada, tan pronto como aparezcan los primeros síntomas, sospechando que pueden sufrir de su propia enfermedad mental, como medida preventiva y para evitar el agravamiento.

Particularmente controvertida fuela cuestión de si podían revelar a sus hijos que habían sufrido deunapsicopatología.

Aunque el estudio es pionero, pone de relieve los temores de los padres, que han sufrido de psicopatología. El reducido número de participantes y la realización de una entrevista semiestructurada no permiten extrapolar conclusiones al respecto.

A pesar de ello, debemos reconocer la ausencia de cursos orientados a este colectivo, que les ayude en su tarea de criar a sus hijos, para que sepan identificar correctamente los primeros síntomas de sus propias enfermedades, y así mitigar el miedo que tienen sobre la salud psicológica de sus hijos.

Por ejemplo, en el caso de los niños superdotados, los padres deben ser informados sobre las ventajas y desventajas de esta situación. Esto se puede hacer a través de pequeñas historias de los grandes genios, donde se cuentan las dificultades que tuvieron en la infancia. Contar historias permite a los padres entender las emociones de sus hijos, y así aprender a ser más pacientes y a ofrecer el apoyo que los niños necesitan.

Cabe recordar que es fundamental tener en cuenta que son muchos los aspectos que se pueden incluir en la Inteligencia Emocional. En una sociedad interesadaen los resultados individuales, a veces "damos la espalda" al desarrollo de algunos aspectos importantes como la compasión.

La compasión es vista en muchas culturas como una "debilidad" del ser humano, pero si nos detenemos a pensar, esto es exactamente lo que nos diferencia de muchos animales.

Cuando hay una persona mayor, enferma o discapacitada, la compasión se "activa" en nosotros, y tendemos a ofrecer ayuda y protección. Algo que ya ha sido observado por nuestros antepasados, tal y como se ha comprobado al encontrar en antiguos enterramientos los restos de las personas con huesos fracturados, una señal de que el grupo participó y trató a la persona lesionada, durante el tiempo que fue necesario para que sanase.

La compasión es también lo que nos impulsa hacia causas de solidaridad, cuando ocurre un problema social o una catástrofe, de manera que se recibe ayuda de extraños, además es un verdaderoprotector contra las emociones negativas como la ansiedad, la ira o el miedo, aumentando la amistad y las relaciones sociales.

La ficción puede ayudarnos a entender estas emociones dando la posibilidad de empatizar con uno o más personajes de la historia. Según Storr (Storr, 175) "Cuando la historia nos adentra en su vertiginosa montaña rusa de emociones, nuestro cuerpo reacciona en consecuencia alos eventos narrados: los latidos del corazón se aceleran, los vasos sanguíneos se dilatan, la producción de neuroquímicos como el cortisol y la oxitocina aumentan teniendo un efecto potente en nuestro estado emocional".

La compasión está estrechamente relacionada con la empatía, la capacidad de entender las emociones de los demás, y de identificarnos con ellas, pero igualmente, está presente en nuestra vida cotidiana, y podemos usarla en mayor o menor medida en función de nuestro desarrollo emocional.

Pero ¿quiénes son más compasivos, hombres o mujeres?

Esto es lo que se ha tratado de responder con una investigación realizada por el Departamento de Comunicación de la Universidad de California (EE. UU.), cuyo resultado fue publicado en la revista científica Journal of Happiness &Well-Being.

En el estudio participaron seiscientos trece estudiantes universitarios de entre 18 y 42 años, entre ellos trescientas diez mujeres.

A todos se les dio una serie de cuestionarios estandarizados para evaluar el nivel de la Escala de Compasión; para evaluar el nivel de estrés personal al comunicarse, se usó el P.R..C.A.-24 (Informe Personal de Aprehensión de Comunicación); para evaluar el nivel de neuroticismo, se empleó la H.S.N.S. (Hypersensitive Narcissism Scale); y finalmente para evaluar el nivel de agresión verbal, se utilizó la Escala de Agresividad Verbal.

Como factores principales, los resultados muestran diferencias significativas de género en términos de compasión, y que son mayores en las mujeres.

También se encontraron diferencias significativas en el nivel de tensión en la comunicación y el uso de la agresión verbal, que es mayor en los hombres.

Finalmente, no se encontraron diferencias con respecto al narcisismo basado en el sexo.

Como factores de interacción, se encontró que los más compasivos exhiben niveles más bajos de tensión en la comunicación, la agresión verbal y el narcisismo.

Una de las limitaciones del estudio es utilizar sólo evaluaciones de tipo cuestionario, en lugar de otras evaluaciones observacionales o de rol-play, para comprobar lo que sucedería en una situación real.

Igualmente, y como parte de las limitaciones, cabe señalarse que en el estudio no se tuvo en cuenta la inteligencia emocional, factor fundamental para verificar el desarrollo de las habilidades interpersonales, ni siquiera se evaluó el nivel de alexitimia, vinculado a la incapacidad de percibir emociones en los demás y de dar una respuesta adecuada.

Del mismo modo, la verificación de las diferencias significativas no va acompañada de una teoría que explique estas diferencias, ni indica lo que esto supone.

El autor también señala que, para nuevas investigaciones, sería interesante analizar los diferentes tipos de compasión, a partir de la cercanía afectiva del receptor de esta, además de la autocompasión.

A pesar de las limitaciones expuestas anteriormente, cada día surgen nuevos estudios que confirman las muchas diferencias entre hombres y mujeres, sin que esto implique una comparación entre "mejor-peor", ni que tampoco intente degradar a ninguno de los dos géneros.

Dicho esto, cultivar la compasión, a través del desarrollo de la Inteligencia Emocional, provocará un comportamiento verbal menos agresivo y con menos tensión en la comunicación.

Algo que, lejos de debilitarnos, nos permitirá establecer lazos emocionales de amistad más sólidos y duraderos o íntimos, a la vez que tengamos una comunicación más cercana y directa, sin tensiones personales y sin necesidad de ser agresivos en la comunicación verbal.

Cabe indicarse que cuando hablamos de inteligencia solemos hacerlo como algo estático a lo largo del tiempo, así alguien que nació con un determinado coeficiente intelectual este lo acompañará por el resto de su vida, a pesar de los considerables esfuerzos realizados por las instituciones educativas para aumentar el "nivel" de sus estudiantes, con la esperanza de mejorar su inteligencia con educación, pero ¿el nivel de inteligencia se mantiene a lo largo de la vida?

Esto es lo que se ha tratado de dar respuesta a través de investigaciones desarrolladas por la Universidad Western de

Illinois y la Universidad Marymount Loyola (EE. UU.), cuyo resultado fue publicado en la revista científica Journal of Intelligence.

Los datos se extrajeron de un estudio longitudinal multifactorial del Murray Research Archive, que analizó a los participantes durante 30 años, donde se recogen datos de ciento setenta y siete participantes cuando tenían 3-4 años, 11, 18 y 32 años.

Con el tiempo, todos ellos fueron sometidos a una multitud de cuestionarios estandarizados, pero para el estudio sólo se utilizó información relacionada con un cuestionario de alta capacidad llamado Q-sort Methodology, y el C.C.Q. (California Child Q-Set), en concreto analizando el ítem denominado "High Intellectual Capacity"; el desarrollo de habilidades académicas ha sido evaluado a través de la W.P.P.S.I. (Wechsler Preschool and Primary Scale of Intelligence). Además, se han tenido en cuenta otras variables, como el sexo, el nivel socioeconómico y el nivel de educación de los padres.

Los resultados muestran una relación significativa entre los niveles de inteligencia inicial y los desarrollados en el tiempo, evaluados en términos de rendimiento escolar.

Aunque el estudio es claro en cuanto al poder predictivo de la inteligencia, no determina el papel de la educación en la inteligencia y si ser más o menos educado resulta en un mayor o menor nivel de inteligencia, lo que debería validar los esfuerzos de las instituciones educativas, o por el contrario cuestionar si no hay relación entre el nivel de educación y la inteligencia.

Del mismo modo, el estudio se centra exclusivamente en la inteligencia académica, es decir, la capacidad de responder adecuadamente a las demandas y necesidades académicas en cada nivel de las instituciones educativas, dejando de lado el enfoque dimensional que asume que el rendimiento académico normal se puede realizar a partir de la inteligencia específica normal.

Cabe señalarse que se puede ser un genio en otros sectores como el artístico o el social, que no son "útiles" para los fines de las instituciones educativas y por lo tanto no se evalúan ni valoran todo lo que el estudiante pueda necesitar, en este punto cabe preguntarse ¿qué pasa con la Inteligencia Emocional?

Cuando piensas en emociones, parece que no puedes hablar de algo estático, queno cambia con el tiempo, y también dependiendo de la persona con la que estés tratando, puedes sentirte de una manera u otra, e interpretar lo que dices mejor o peor en función del interlocutor.

Un chiste hecho por un amigo es gracioso, pero si es un extraño el que lo hace, esos mismos chistes no tendrán el mismo efecto 'humorístico'.Además, el paso del tiempo también cambia la experiencia emocional, ya que como tienes más experiencia, esto te permite saber cómo lidiar con situaciones emocionales, tanto positivas como negativas. Esto significa que, sabiendo actuar en estas circunstancias, las emociones que se generantienen menos impacto.

Las historias y la ficción, ayudan a los individuos a madurar y razonar sobre las emociones, y sobre la condición humana engeneral. Como dice Storr:"Al principio de una historia a menudo nos encontraremos con un protagonista que es imperfecto de una manera bien definida. Los errores que cometerá en su relación con el mundo nos ayudarán a empatizar con él. A medida que la historia proporcione pistas y sugerencias sobre el origen de sus errores, nos conmoverá su vulnerabilidad y nos involucrará emocionalmente en sus dificultades…" (Storr, 2020, p. 46).

La narración de historias (reales o ficticias) genera nuevos estímulos emocionales y cognitivos en las personas, al respecto en los últimos añosse han desarrollado estudios para analizar la influencia emocional en la salud causado por un episodio "fuerte" o impactante observándose cómo puede provocar desequilibrios temporales en la persona, que con el tiempo se recupera de aquel "impacto".

A este respecto se ha llevado a cabo una investigación por parte de la Universidad Carnegie Mellon (EE. UU.), cuyos hallazgos fueron publicados en la revista Health Psychology, donde se ha tratado de entender cómo los disgustos afectan a los ancianos. En el estudio participaron seis mil setecientos diecisiete personas mayores de 50 años, cuyos datos se extrajeron de un estudio longitudinal previo llamado Health and Retirement Study, realizado entre 2006 y 2010.

A todos se les dieron varios cuestionarios estandarizados sobre su salud; el número y la gravedad de los casos en los que recibieron disgusto, dependiendo de si provenían de su pareja, hijos, otros familiares o amigos; y su estado de ánimo; además de todas estas medidas, se ha tomado la presión arterial. Los resultados fueron comparados con los estándares esperados basados en su edad y estatus sociodemográfico previamente establecido. Los que mostraron hipertensión basal y los que recibieron medicación para controlar su tensión fueron excluidos del estudio.

Los resultados indican que a medida que envejeces te vuelves un poco más sensible a las emociones negativas. Asílo entendieron los investigadores, quienes en 4 años de estudio encontraron que el 29% de los participantes había desarrollado hipertensión, de los cuales el 38% con relación a experiencias emocionales negativas. Esta relación es más intensa en las mujeres de entre 50 y 65 años, y es particularmente sorprendente cuando los problemas provienen principalmente de la familia y las amistades.

Aunque los resultados parezcan claros, todavía hay un 62% de casos de hipertensión no explicados por emociones negativas causadas por el disgusto. Del mismo modo, está claro que hay diferencias entre mujeres y hombres, que se han reportado, pero su origen no se ha explicado adecuadamente. No se sabe si es algo biológico, una experiencia de vida u otros factores que "protegen" la tensión del hombre ante estas penas, y que en cambio afectan a la mujer de una manera tan negativa que pierde su salud con ello.

Los resultados, aunque pueden tener algunas limitaciones, son claros mostrando con ello la necesidad de cuidar adecuadamente a las personas mayores, que son sensible a las emociones negativas, lo que implica un deterioro significativo en su salud por lo que se debe prestar especial atención para evitarles disgustos.

Hasta ahora, la Inteligencia Emocional ha sido tratada, como la capacidad que nos permite gestionar eficazmente nuestras emociones, tanto positivas como negativas,y quejuega un papelfundamental en nuestra forma de sentir, pensar y actuar.

Por el contrario, aquellos que tienen bajos niveles de Inteligencia Emocional, destacarán por los altos niveles de alexitimia, ya que según algunos autores es un continuo.

Así se ha observado que las personas con altos niveles de alexitimia pueden llegar a tener conductas antisociales, exponiéndose a comportamientos de riesgo para sí mismas o para los demás, que conlleva consecuencias sobre su salud y también sobre la seguridad personal.

Cuando se piensa en conductas de riesgo, se suele hacer en las conductas más extremas, como la conducción a alta velocidad, o el puénting, pero también hay situaciones que ponen en riesgo la salud con conductas menos llamativas, como el consumo excesivo de tabaco, alcohol u otras drogas. Pero en este punto, ¿cuál es el papel de la Inteligencia Emocional en las conductas peligrosas?

Esto es exactamente lo que se trató de dar respuesta mediante un estudio realizado desde la Universidad de Oviedo (España) cuyos resultados fueron publicados en la revista Journal of Nursing Education.

En el estudio participaron doscientos setenta y cinco estudiantes graduados en enfermería.

A todos se les midió su nivel de Inteligencia Emocional utilizando la Escala de Inteligencia Emocional.

Se evaluaron comportamientos peligrosos como el tabaco, el alcohol, las drogas ilegales, así como la mala nutrición, el sobrepeso o no, el sedentarismo o no, su nivel de exposición al sol y la práctica de relaciones sexuales sin protección. Además, se han recogido datos sociodemográficos y de satisfacción con la vida.

Los resultados indican que aquellos estudiantes que tenían altos niveles de Inteligencia Emocional exhiben conductas de consumo de alcohol menos excesivo, no siguen dietas poco saludables y observan prácticas sexuales con protección.

Por el contrario, aquellos con menores niveles de Inteligencia Emocional, que corresponderían a niveles más altos de alexitimia, mostraron comportamientos peligrosos, en términos de aumento del consumo de alcohol, observación de mala nutrición y prácticas sexuales sin protección.

No se encontraron diferencias significativas en conductas peligrosas, como el consumo de tabaco o drogas ilegales, el nivel de sobrepeso, la vida sedentaria o el nivel de exposición al sol, dependiendo del nivel de inteligencia emocional.

Entre los aspectos positivos según los autores indicar que tener altos niveles de Inteligencia Emocional se relaciona con una mejora en la correcta gestión de la presión grupal, que es el elemento principal en conductas como el consumo de alcohol.

Entre las limitaciones del estudio cabe indicarse que recoge únicamente información sobre conductas peligrosas a través de autoinforme, lo que deja abierta la posibilidad a fenómenos como la deseabilidad social, al responder, es decir, se contesta lo que es socialmente aceptado, sin verificar si esa conducta ocurre o no en la realidad.

Del mismo modo, el uso de una población muy específica como fueron los estudiantes universitarios no permite extrapolar sus resultados a otros colectivos.

Por su parte desde la Universidad Mount Saint Vincent (Canadá) se ha llevado a cabo investigaciones sobre este tema, cuyo resultado ha sido publicado en la revista científica Psychology. En el estudio participaron 172 estudiantes de entre diecinueve y treinta años. En todos los participantes fueron evaluados su locus de control como una característica de la personalidad. Para llevar a cabo la evaluación, los autores del estudio utilizaron el L.O.C Rotter; para la evaluación de su nivel de salud mental, los participantes completaron la escala de bienestar psicológico de Ryff (con seis componentes de salud mental).

Los resultados mostraron que existen asociaciones positivas significativas entre seis componentes de la salud mental y el locus de control, demostrando cómo los rasgos de personalidad juegan un papel predominante en la consolidación de la salud del individuo:

En este punto cabe señalarse que nuestra atención es captada mucho más rápido por estímulos cargados afectivamente que por estímulos "neutros". Además, entre los primeros prestamos atención de forma más rápida e intensiva a aquellos que tienen una carga negativa, es decir, aquellos que podrían suponer un peligro para nosotros y por tanto requieren una respuesta más inmediata para asegurar nuestra supervivencia.

Una vez que el estímulo afectivo ha llamado nuestra atención, es más fácil ser capaz de aprender, o estar dispuesto a tomar una decisión. Se trata, por tanto, de un proceso básico, necesario y previo a cualquier otro proceso, que se desarrolla de forma "instintiva", sin poder elegir lo que nos llama la atención y lo que no, aunque posteriormente, una vez que somos conscientes de lo que está sucediendo a nuestro alrededor, podemos decidir si seguimos o no atendiendo el estímulo.

Normalmente se asocia el aprendizaje con estudios "regulados" en los que tienes que sentarte frente a un libro para "tragarte" lo que está escrito en él, pero la ciencia nos confirma que el aprendizaje está lejos de ser una actividad monótona y repetitiva. De hecho, puedes aprender todo, no solo nombres, hechos y fechas, que es lo que conoces como conocimiento explícito, sino también cómo hacer las cosas, por ejemplo, conducir, adquiriendo el llamado conocimiento implícito. Todo lo descrito puede ser estimulado, por un ambiente afectivo afable, agradable y positivo, o entorpecido, cuando las condiciones no son favorables.

Por otra parte, cualquier situación experimentada personalmente o escuchada por otro permanecerá profundamente impresionada, y por lo tanto será aprendida, cuando va acompañada de estímulos cargados de implicaciones afectivas. Por ejemplo, casi todo el mundo es capaz de describir con una gran cantidad de detalles los acontecimientos que sucedieron en torno a eventos positivos como su matrimonio, el nacimiento de su primer hijo y así sucesivamente, experiencias que a pesar del paso de los años siguen siendo "tan vívidas como el primer día".

Del mismo modo, un evento desagradable como un robo o un accidente automovilístico asegurará que esos momentos y detalles de las circunstancias en las que tuvieron lugar se recuerden durante mucho tiempo. Es por eso por lo que a algunas personas les resulta muy difícil superar el duelo por un familiar o amigo perdido: continuando durante mucho tiempo teniendo recuerdos vívidos de lo que sucedió, lo que les producirá un daño psicológico continuo.

Por tanto, el proceso de toma de decisiones, lejos de ser un acto "frío y calculado" por el que se intenta obtener el máximo beneficio para uno mismo, está sujeto en particular a la influencia de nuestro mundo emocional.

Así si reflexionamos sobre las grandes decisiones de nuestras vidas, por ejemplo, con quién creamos una pareja, que estudiamos, dónde compramos nuestra casa, podríamos engañarnos pensando que habíamos elegido lo que considerábamos la mejor opción; pero si lo pensamos bien, podemos ver que había múltiples aspectos emocionales que pesaban en esas decisiones, algunos dependientes de las emociones que sentimos, otros que surgieron de los consejos de personas que valoramos y apreciamos.

Todo ello confirmado por un amplio estudio realizado conjuntamente por las Universidades de Cambridge (Inglaterra) y la U.M.C. St. Radboud (Países Bajos) cuyos resultados han sido publicados en la revista científica Frontiers in Human Neuroscience, en el que se realiza una revisión exhaustiva de los artículos relativos a la toma de decisiones publicados hasta la fecha. El estudio analiza los diferentes factores que nos influyen a la hora de decidir entre diversas opciones, prestando especial atención a la influencia social del contexto como elemento modulador de las decisiones que tomamos, tanto en relación con el aprendizaje de determinadas conductas y valores, debido al aprendizaje social, como para fenómenos como la presión grupal, el conformismo social, la cooperación y el estrés social, todo ello influenciado por el campo de las emociones.

Referencias

Bruner, J. (1988). La mente a più dimensioni. Roma: Laterza.

Del Favero. E. (1999). Come per incanto. Milano: Gribaudo.

Dolci M, e Eleta P.G. (2018). El títere multilingüe. Un enfoque innovador para el aprendizaje de segundas lenguas y lenguas extranjeras. Ed. Amazon - Kindle Edition e in versione cartacea: Milano.

Dolci, M. & Eleta, P. (2019). La fuerza educativa de un antiguo lenguaje en la era digital: el títere. In Revista In-fan-ciaN: 174, marzo-abril.

Barrett,L.,Dunbar,R., &Lycett,J. (2002).Human evolutionary psychology.Princeton University

Eleta, P.G. (2021). The puppet as an educational tool. Ed. Tektime in digital and printed: Milano.

Levorato, M.C. (2000).Le emozioni della lettura. Bologna: Il Mulino.

Merletti, V.R. (1998). Raccontar storie. Milano: Mondadori

Mingoia, E. (1997). Nel mondo delle fiabe. Roma: Nuova Era.

Min-Kun Tsai, Shian-Shyong Tseng e Jui-Feng Weng (2011). "A Pilot Study of Interactive Storytelling for Bullying Prevention Education" in Edutainment Technologies. Educational Games and Virtual Reality/Augmented Reality Applications, 6th International Conference on E-learning and Games, Edutainment 2011, Taipei, Taiwan, September 7-9, 2011, Proceedings. Editors:Chang, M.,Hwang, W.-Y.,Chen, M.-P.,Mueller, W.

Smorti, A. (1994).Il pensiero narrativo. Costruzione di storie e sviluppo della persona. Firenze: Giunti.

"STOP BULLYING 2.0. Peer education edigital storytelling per contrastare bullismo ecyberbullismo" https://www.sipea.eu/34/414/STOP_BULLYING_2.0.htm

Storr, W. (2020). La scienza dello storytelling. Come le storie incantano il cervello. Torino: Codice. (Storr, W. (2019). The science of storytelling. William Collins: London U.K.)

Zipes, J. (2004). Spezzare l'incantesimo. Milano: Mondatori.

Capítulo 5. Alcances de la narración de historias

La narración de historias es una metodología que se puede utilizar en diferentes áreas no solo para comunicar eficazmente un mensaje determinado, sino también para compartir experiencias y reunir a personas y grupos porque, como hemos remarcado repetidamente, la narración de historias es capaz de superar las barreras de la lógica, el razonamiento, el pensamiento analítico y racional, activando directamente nuestras emociones.

Una historia puede llegar al Corazón y la narración tiene el poder de conmovernos, de activar pasiones, de "ponernos en la piel de otros seres vivos" encontrando formas relacionales alternativas o facilitando nuevos conocimientos.

A través del Storytelling también podemos simular e imaginar nuevas formas de resolver un problema o modificar ciertos comportamientos. Sin embargo, es fundamental garantizar un enfoque serio y evitar la banalización, solo de esta manera la narración de historias puede representar una metodología de valoren el campo de la formación, pedagógica y educativa, empresarial y también terapéutica.

Storytelling en el ámbito Pedagógico y Educativo

Las emociones son el punto de partida de todo conocimiento y es precisamente por este motivo que, a la hora de proponer el storytelling como metodología educativa, es necesario pensar en cómo gestionar las emociones "en juego".

Como ya hemos señalado, la metodología del storytelling consiste en el uso de procedimientos narrativos para promover mejor los valores, el conocimiento y las ideas. Es una herramienta educativa eficaz y versátil que facilita la comunicación de experiencias y la reflexión para la construcción de significados interpretativos de la realidad.

Es importante utilizar esta metodología desde una edad temprana utilizando, claramente, materiales narrativos apropiados al grado de alfabetización, habilidades, experiencias y conocimientos adquiridos por los niños/jóvenes.

Usar la narración como "una actividad educativa seria" significa poder ofrecer a los estudiantes caminos interconectados de enseñanza-aprendizaje donde la experiencia está relacionada con la observación lo que luego va a dar lugar a nuevas ideas.

Narración de historias en la educación

La narración de historias puede facilitar la construcción de relaciones significativas entre educador/maestro y niña/niño y entre los propios niños/jóvenes en un clima positivo en el aula, donde las emociones se valoran en el proceso de enseñanza-aprendizaje.

De esta manera, la narración de historias puede tener un fuerte valor educativo como una herramienta de investigación que nos ayuda a comprender fenómenos y procesos; también puede ser parte de una estrategia educativa para producir acciones y cambios intencionales.

Un aspecto realmente interesante es que sirve para fomentar la participación crítica y activa en la comunicación, permitiendo a los estudiantes reflexionar, pensar, en un clima estimulante que les permite experimentar su propia forma de actuar con respecto a los contenidos a aprender.[7]

Está claro que los maestros/profesores no son todos iguales y por diferentes razones permanecen más impresionados en nuestros recuerdos, en particular, aquellos que han entendido que la diversión no contrasta con la enseñanza y que las emociones son parte del desarrollo sociocognitivo del individuo (Dolci M y Eleta P. G.).

Por ejemplo, los niños pequeños, al escuchar historias, aprenden sobre lo feo, lo bueno y lo malo. Pueden procesar más fácilmente emociones como el miedo, la ira y la angustia. Además, por ejemplo, la combinación de narración y títeres puede añadir calidad a las actividades narrativas, enriqueciendo la trama de la historia en consecuencia gracias a la capacidad de integrar otras formas de expresión con las que está equipado el títere (Dolci y Eleta, 2018).

En este sentido recuerdo (Paula Eleta) una experiencia vivida hace varios años en un curso de formación en Bolonia, sobre el uso de la marioneta y la narración en servicios educativos 0-6. Los maestros de jardín de infantes habían expresado cierta preocupación y resignación por el hecho de que los niños "pequeños" en horas de "siesta" luchaban por conciliar el sueño debido al ruido que provenía de una oficina situada en el piso superior. Aproveché esta situación para poner en juego unas premisas teóricas y metodológicas compartidas, así que inventé la historia de Lola, una bailarina de salsa cubana que cuando llegaba el momento de la siesta, comenzaba a bailar, ofreciendo a los niños sonidos divertidos para ayudarles a conciliar el sueño. También construí una marioneta con un zapato viejo.

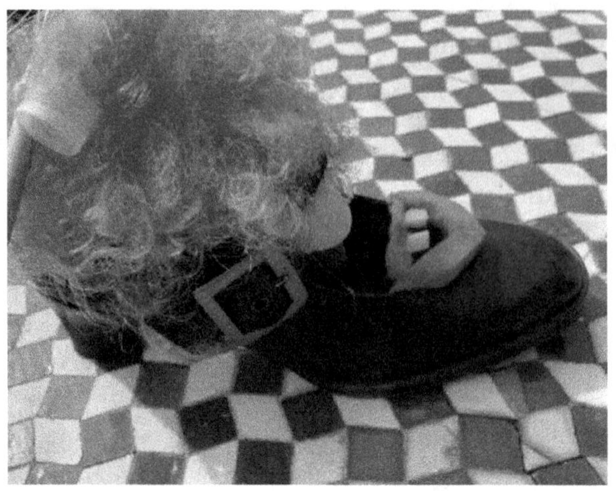

Los maestros les contaron a los niños esta historia, animando a Lola. Los más pequeños encontraron la historia muy divertida y tranquilizadora y, cada vez que escuchaban ruidos, ¡sabían que era Lola con sus pasos de salsa!

Gracias a la animación del personaje Lola, los profesores han ganado el interés y la atención de los niños y, a través de la escucha activa, han podido apoyarles mejor, aumentando su confianza y serenidad en el momento de la siesta. Además, la narración de historias ha demostrado ser un excelente medio para darles mayor seguridad y autonomía.

En esencia, la narración de historias puede convertirse en una herramienta interesante en el ámbito educativo solo si el educador/profesor es capaz de despertar en niños y jóvenes la curiosidad y el placer de estar viviendo una experiencia diferente. Por lo tanto, es esencial crear un clima de confianza donde los estudiantes puedan sentirse libres de expresar sus ideas y contar sus propias experiencias, luego crear un espacio y un tiempo marcados por la suspensión del juicio hacia los demás y hacia sí mismos. Si los estudiantes se sienten aceptados y estimados, se convertirán en una parte activa de la relación porque estarán motivados para participar en la interacción en el grupo. Como el ejemplo ya visto del proyecto llevado a cabo en Taiwán con alumnos de secundaria.8

El papel del profesor es muy importante para que la niña/niño sea competente en el uso de la capacidad narrativa, por lo que, si queremos introducir la narración de cuentos en el aula, es necesario prever la realización de actividades enfocadas a asegurar el desarrollo de nuevas habilidades creativas, narrativas y participativas por parte de los alumnos (niños/jóvenes).

Por último, es fundamental evitar el riesgo de utilizar la narración de forma trivial y/o como medio de "manipulación" de los alumnos, de hecho, es una forma divertida e innovadora de trabajar que debe ser pensada, planificada y organizada con tiempo, respetando las emociones del otro y con seriedad. Solo en este caso la narración de historias puede convertirse en un medio efectivo para calificar la experiencia educativa.

Storytelling y apoyo a la crianza de los hijos

En la pedagogía moderna, la idea de que el primer aliado de los educadores y maestros son los padres de los alumnos está tomando cada vez más forma, por lo que es esencial involucrar activamente a todas las familias, teniendo en cuenta su composición y su identidad en evolución como padres que crecen junto con sus hijos/jóvenes (Eleta en colaboración con Iaccarino, 2017).

En este caso la narración de historias debe formar parte de una serie de acciones específicas y graduales que impliquen la creación de momentos "especiales" adaptados para fomentar nuevos conocimientos, para compartir emociones entre las familias y los educadores/profesores y entre los propios padres; fomentando con ello la participación educativa y la corresponsabilidad.

A través de la narración y bajo la dirección del educador / profesor, es posible involucrar incluso a los padres más reacios y poco presentes, ya que es un modo relacional "amigable" y divertido en el que se puede participar de muchas maneras: en la primera fila, pero también detrás de las escenas; usar la palabra, cantar, dibujar o simplemente escuchar la historia.

Sin embargo, para construir una verdadera alianza con las familias, es importante poder conocerse y aceptar las diferencias que puedan surgir entre los grupos. Si mi significado cumple con el significado de todos y de cada uno de los participantes y hay una forma de tolerancia y de respeto, la narración de historias se convierte en una herramienta interesante para construir alianzas educativas. De hecho, como hemos señalado anteriormente, el storytelling es una herramienta, un modo relacional que debe ser programado y utilizado con claridad.

Para concluir esta parte reservada a la narración de cuentos en la educación, nos gustaría dar un ejemplo de actividad narrativa con el objetivo de aumentar la implicación y colaboración con las familias, para calificar las actividades educativas: "La Extraordinaria Historia de Mi Nombre".

Se trata de una actividad que Paula Eleta ha realizado (tanto presencial como a distancia) en diferentes contextos territoriales y educativos, en la que han participado cientos de padres, educadores y profesores.

En esta actividad la petición a los padres es muysencilla: se propone decirles en pocos minutos por qué eligió el nombre de su hijo. La narración de todos los padres se convierte entonces en un mosaico de historias, un espacio compartido, un "nosotros" con un fuerte valor emocional.

"Hola soy Chiara y el nombre de nuestro niño es Mario. Decidimos darle este nombre en memoria de su abuelo paterno. Era un nombre que nos gustaba mucho y además nos permite recordarlo y tenerlo mas presente…".

"Mi nombre es Valeria y mi bebé se llama Luca que significa luz… ¡y es nuestra luz!"

"Yo soy Pedro y elegimos para nuestra hija el nombre de María porque es corto y se pronuncia y escribe igual tanto en italiano como en español (mi lengua materna)".

"Yo soy Massimo y nuestra hija se llama Francesca porque amamos a Lucio Battisti (un cantante italiano famoso) y también porque una querida amiga nuestra se llama así…"

Este mosaico se puede transformar tanto en un video con el conjunto de todas las narrativas, como en una red gigante donde cada familia/padre fija una parte del hilo sobre el nombre del propio hijo, que luego se convierte en una red con muchas conexiones e intersecciones (ver imágenes a continuación).

La petición essencilla pero el significado de la narración no es baladí porque su nombre representa el primer regalo que nos regalarán nuestros padres y que nos acompañará a lo largo de toda nuestra vida y, además, representa la primera señal de nuestra identidad específica.

El video "mosaico" y/o telaraña puede convertirse en recursos importantes para calificar la actividad educativa. Por ejemplo, los materiales desarrollados junto con las familias pueden ser compartidos con los niños para dar valor a sus nombres, considerando su historia y singularidad como algo de lo que estar plenamente orgullosos. Por otro lado, si compartimos los materiales con los niños, vamos a mejorar aún más la participación y las contribuciones de sus padres.

Storytelling en la educación de adultos

La metodología de narración de historias se utiliza desde hace algunos años, tanto en la educación de adultos como en el aprendizaje a nivel de educación superior.

También en esta área el aprendizaje se ve facilitado por la narración ya que, como ya hemos indicado anteriormente, a través del storytelling los procesos de aprendizaje se enriquecen con significado y con la ayuda de un profesor/director, con lo que es posible desarrollar contextos colaborativos efectivos.

La narración es un lenguaje familiar para todos, que se hace por voz, por escritura, a través de imágenes,en redes sociales, en la web, en vivo, en diferido.La historia de Storytelling facilita el diálogo, la reflexión individual y grupal y puede ser utilizada para crear conciencia, para motivar, para reforzar la identidad y también como un modo de empoderamiento, o para facilitar la comprensión de contenidos complejos.

Petruzzi (2015) propone un claro ejemplo del uso de la narración para motivar e involucrar a los estudiantes; especialmente si el tema tratado se refiere a un tema que, en sí mismo, no despierta "pasiones" entre los participantes.9

En este caso,se trata de un curso legislativo sobre el decreto que contiene disposiciones para controlar el peligro de accidentes graves, relacionados con sustancias peligrosas. Petruzzi para motivar a los aprendices, comienza el viaje con la crónica "del accidente del diario de un trabajador de ICMESA":

"SEVESO, 10.07.1976 - Historia del accidente a partir del diario de un trabajador del ICMESA

Nací y crecí en Seveso, en la provincia de Milán. SEVESO era entonces sólo el nombre de un pequeño pueblo en Brianza. Un país como tantos, con casas, prados, gente, y las fábricas.

Entre las fábricas de la zona también se encontraban industrias químicas, como ICMESA. La conozco bien porque trabajé en ello. Al menos hasta el 10 de julio de 1976, el día en que todo cambió…

El día que el reactor A-101 vomitó la nube tóxica, y transformó para siempre a SEVESO de una simple comuna de Brianza en un sinónimo de lo que entonces llamábamos el "gas misterioso" y que hoy todos conocemos como dioxina".

La narración de storytelling en el campo de la formación de adultos puede ser, por tanto, una actividad motivadora, creativa y socializadora que refuerce el sentido de nuestras acciones, contextualizando los significados que queremos transmitir.

Sin embargo, es esencial preguntarse: ¿sobrequé base debe elegirse la historia?

Son muchas las variables:finalidad de la actividad, características del "público" o grupo a participar, motivación, contenidos a transmitir, diversión, longitud y complejidad del texto, ilustraciones, soportes multimedia, características estilísticas (uso de rimas, repeticiones, ironía, aspectos humorísticos), personajes, tiempo y espacio disponible, etc.; y de nuevo,¿cómo contar una historia?

Una vez máshay innumerables formas de contarla, utilizando una fórmula de apertura que hace que las historias cortas sean atemporales o establezca una organización temporal con una cierta direccionalidad (principio-desarrollo-fin), usar un lenguaje "cotidiano" o más "rebuscado" y muchas otras formas, teniendo cuidado, por supuesto, de no hacer que este momento especial sea trivial.

No debemos olvidar que la narración es la suma del contenido que nos hace quienes somos, orientando nuestra vida o experiencia laboral, tanto que es compatible con los demás y aceptada por los demás.

En este sentido, es interesante la propuesta que tiene el canal de YouTube "Cultureinpentola" (creado y gestionado por

Paula Eleta, coautora de este libro), donde personas de todo el mundo puedan mostrarse a través de una receta, con el objetivo de promover un mayor conocimiento entre personas con diferentes historias y sentimientos: "Yo también tengo una receta del corazón y para conocerla tengo que llevaros a mi ciudad, Bolonia… Os voy a hablar de una receta a la que estoy muy, muy apegado, una receta de mi infancia. Os conduzco bajo las arcadas más famosas de Bolonia, dela Iglesia de Santa Maria dei Servi.Durante el periodo navideño es donde se desarrolla el mercado tradicional, el de la Fiera di Santa Lucia… Desempolvaré la antigua receta de la castaña…" ("Castaña de Stefano").[10]

Otro ejemplo es la historia de Marta que con la receta "Ahuyama rellena", nos habla de su infancia y de su Colombia y, en particular, de un querido recuerdo de ella cuando, de niña, había acompañado a su padre y a otros vecinos en un viaje a caballo. En esta ocasión el plato principal era la calabaza rellena de carne y queso añejo. [11]En este caso, la calabaza por sus características sirve como olla (como recipiente donde se cocina carne, verduras y queso) y luego al cortarla en trozos se convierte en un plato ytambién se puede comer sin cubiertos: ¡ideal para comerlo sobre la marcha!

El canal Cultureinpentola es un espacio donde se comparte y donde se pueden escuchar las historias de otras personas de culturas cercanas y lejanas:"A través de las exquisitas recetas de nuestros huéspedes, podemos redescubrir raíces y experiencias a menudo olvidadas":

https://www.youtube.com/watch?v=y30WyFsugFk

En definitiva, la narración de historias puede convertirse en una metodología interesante y eficaz tanto en la formación de adultos como en el aprendizaje a nivel de educación superior, como una forma innovadora de conocimiento y colaboración entre sí.

Por otra parte, debido a sus características, el sotorytelling se puede realizar en presencia y de forma remota, sin embargo, ya que es una forma experimental de trabajar, es muy importante documentar los caminos y experiencias y luego poner en marcha buenas prácticas.

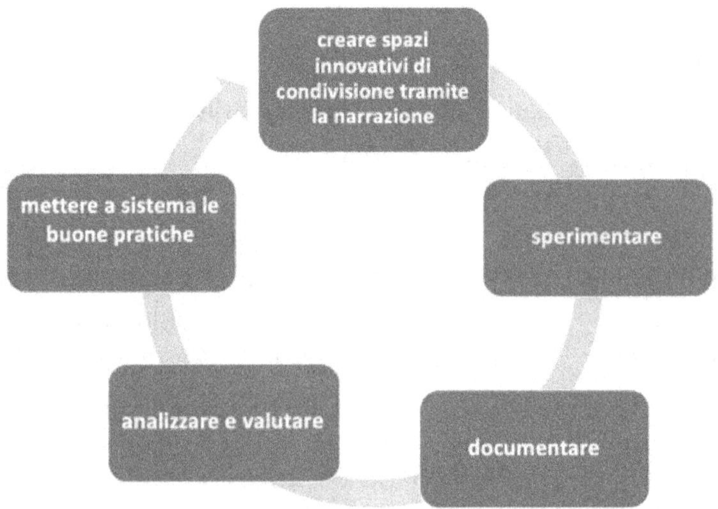

Storytelling en el Campo Terapéutico

Desde el campo de la terapia, cabe destacar que el lenguaje juega un papel fundamental y, en consecuencia, la narración de los acontecimientos vividos. Sin embargo, a la hora de la terapia existen algunas limitaciones con los menores que aún no han desarrollado un lenguaje complejo, por lo que en este caso las intervenciones están más orientadas a aspectos conductuales, principalmente a través del juego.

Una vez desarrollado el lenguaje y con él la narración, este es precisamente objeto de intervención psicológica.

En este sentido, es importante destacar que los enfoques de la psiquiatría y la psicología clínica son diferentes para intervenir con respecto a las formas de narrar la vida, todos aspectos fundamentales de la salud mental.

Aunque históricamente podemos recordar el psicoanálisis como la terapia más conocida en algunos países, no fue la única ni la más actual. Aquí vale la pena recordar que el método socrático se desarrolló mucho antes, en la época griega clásica, sobre la base de la interrogación de pensamientos "simples" y a veces incorrectos. En este método el profesor desarrolló el pensamiento de su aprendiz a través de preguntas reflexivas, cuya resolución generó progreso en el pensamiento del estudiante.

¿Qué es importante en la vida? ¿O crees que el dinero puede comprarlo todo? son algunos ejemplos de preguntas que el maestro podría hacer. Por lo tanto, no fue el maestro el que dio su mejor respuesta, sino el aprendiz que reflexionó sobre ello y obtuvo sus propias conclusiones.

Este método también utiliza la narración para proporcionar ejemplos sobre los que reflexionar. Este proceso ha sido utilizado en diversas terapias como una forma de abordar el diálogo interno y hacerlo "maduro", provocando los cambios oportunos gracias a la orientación de las preguntas planteadas por el terapeuta y en muchas ocasiones, todo ello a través de cuentos de hadas o cuentos sobre los que hay que reflexionar.

A través de la historia de storytelling podemos facilitar el desarrollo de la moralidad, así como crear nuevas oportunidades de observación y escucha para evaluar el nivel de desarrollo alcanzado por el niño en el tratamiento de situaciones hipotéticas a través de la narración, en la que se debe expresar una opinión.

Se conocen las diferentes historias diseñadas para crear situaciones sobre las que reflejar, por ejemplo, una historia en la que el individuo imagina tener el poder de salvar la vida de una persona y tiene que elegir entre dos, por ejemplo, un científico o un músico. Al variar las características de los sobrevivientes, las nuevas elecciones dejan en evidencia los valores de la persona.

Del mismo modo, la logoterapia de Viktor Frankl (Frankl, 2014) muestra la importancia del diálogo interno y las "historias" que nos contamos unos a otros y cómo esto afecta nuestras relaciones sociales y salud mental.

Es precisamente en estas historias "íntimas" en las que se basa la terapia cognitivo-conductual, y en particular la técnica de reestructuración cognitiva, en la que se intenta modificar el discurso interno para hacerlo más llevadero para la persona. Tomemos un ejemplo de un caso extremo, un paciente con trastorno de estrés postraumático, como el que sufren los militares cuando están en zonas de guerra o las mujeres que son violadas. El evento marcará el discurso de la persona, en un antes y un después, y es precisamente en esta narrativa que la terapia interviene para transformarla en una narrativa más "tolerable". Si bien es cierto que el acontecimiento vivido no debe ser olvidado, debe ser visto como otra circunstancia de la vida, que debe permanecer en el pasado, afectando lo menos posible a la realidad presente o futura. Por esta razón trabajamos en la narrativa interior, creando las circunstancias adecuadas para que la persona sea capaz de relacionar lo vivido desde diferentes puntos de vista, con la intención de reducir la emocionalidad asociada a ese evento, a través del trabajo sobre lahistoria de lahistoria.

Aunque se ha asociado con la terapia individual o terapia interna, es importante señalar que el mismo trabajo se puede hacer cuando se trata de terapia de pareja o familiar, en la que cada miembro tiene su propia perspectiva sobre los eventos experimentados y su propio discurso interno sobreella. Es tarea del terapeuta fomentar la confrontación para que estas narrativas se acerquen lo más posible y se reduzca su emocionalidad, a fin de facilitar la convivencia pacífica entre los miembros. Por ejemplo, en el caso de la anorexia, es muy importante destacar la distorsión cognitiva en la que el paciente tiene una narrativa sobre su vida y sobre sí mismo que generalmente no se corresponde con la realidad. Del mismo modo, la persona deprimida debe aprender a tener un discurso interno positivo, a superar un estado de ánimo deteriorado y en muchos casos negativo.

Storytelling en el ámbito Emprendedor (Marketing y Comunicación)

Otra área en la que se desarrolló el storytelling, es en el marketing y la comunicación, que utilizó el conocimiento sobre cómo nuestro cerebro procesa y recuerda con historias para hacer la comunicación comercial más eficiente y efectiva.

Cada charla, cada anuncio, cada estrategia de marketing está orientada a contar una historia, que se repite una y otra vez hasta que permanece en la memoria de los clientes potenciales. No importa si la historia es real o imaginaria, lo único que importa es que conecte con la audiencia.

Estas historias siempre tienen una serie de componentes que las hacen exitosas en su papel de influir en la audiencia. El objetivo principal es que deben emocionar, es decir, deben transmitir la emoción identificada y luego poder asociarla a esa marca o producto que se quiera vender.

Así, y en el ámbito político, el eslogan, esa frase que resume la idea principal de la campaña electoral, se utilizará cientos o miles de veces, para que el partido o candidato político se quede asociado a esa frase y a su significado, pero sobre todo a la emoción que esto provoca.

La importancia de una buena historia es tal que hay profesionales que se dedican exclusivamente a crear historias para que otros puedan venderlas, como es el caso de los guionistas, pero también de los escritores de discursos para políticos. Estos profesionales son artistas del habla y saben decir las palabras adecuadas para emocionar y llevar al público a donde "quieren".

En la actualidad, una de las características más apreciadas de las grandes empresas, como el CEO, es precisamente la capacidad de comunicarse. Ya no basta con ser director o ejecutivo, hay que ser un gran comunicador.

Todos recordamos las conferencias TED que comenzaron con los grandes científicosque presentaron sus resultados. Hoy en día, cualquier persona con una "buena historia" puede participar en TED, incluso si no ha recibido una educación o no ha descubierto una cura para una enfermedad.

Cada día estamos expuestos a miles de anuncios, a través de televisión, internet, radio o papel escrito donde cada anuncio trata de contar una historia y competir con el resto de las historias a destacar.

Y, sin darnos cuenta, estas historias cambian nuestra percepción de la vida, la forma en que nos vemos a nosotros mismos y a los demás. Así, los gobiernos invierten millones al año en publicidad relacionada con la salud, los buenos hábitos o el pago de impuestos, por ejemplo.

En resumen, se trata de untema qué es muy importante y en el que no vamos a profundizar debido a su extensión.Sin embargo, podemos reiterar que la historia de storytellingno es unidireccional, así la narración de historias puede fomentar la participación crítica y activa en la comunicación.Sentimientos como la alegría, la tristeza, la culpa, la ira guían nuestro comportamiento y pueden ser analizados y "manejados" también gracias a historias individuales y/o colectivas.

Estas narrativas pueden representar eventos reales o ficticios, emergiendo a partir de las propias emociones, conocimientos, fantasías, habilidades y también de otros aspectos de la propia historia y personalidad. ¡De hecho, el Storytelling representa un gimnasio para la inteligencia emocional!

Referencias

Antonini, S. (2020). "Il Castagnaccio di Stefano". In Cultureinpentola, YouTube https://youtu.be/-dYMyAkjbcQ

Bettelheim, B. (2010). Psicoanálisis de los cuentos de hadas. Crítica: Barcelona.

Bruner, J. (1988). La mente a più dimensioni. Roma: Laterza.

Bondioli, A. (2000). Gioco e educazione. Milano: Franco Angeli.

Cambi, F. (1999). Itinerari nella fiaba, Autori, testi, figure. Pisa: Ets.

Catarsi E. (a cura di). (2001).Lettura e narrazione all'asilo nido. Bergamo: Junior.

Canale su Youtube "Cultureinpentola" https://www.youtube.com/watch?v=y30WyFsugFk

Del Favero. E. (1999). Come per incanto. Milano: Gribaudo.

Dolci M, e Eleta P.G. (2018). El títere multilingüe. Un enfoque innovador para el aprendizaje de segundas lenguas y lenguas extranjeras.Ed Amazon en versión digital yenpapel: Milan.

Eleta, P. in collaborazione con Iaccarino, S. (2017). Appuntamento scuola-famiglie all'incrocio fra le culture. Guida operativa per progetti interculturali con il coinvolgimento delle famiglie nei servizi educativi (0-6 anni). Ed. Amazon - Kindle Edition e in versione cartacea: Milano

Eleta P.G. (2013). "Scuola – famiglia: una alleanza imprescindibile in un mondo al plurale". Rivista Educazione interculturale di gennaio 2013. Trento: Edizioni Erickson.

Eleta, P. (2011). Pedagogía intercultural. La acogida de los niños de la inmigración. Revista Infància N° 178 - gennaio-febbraio.

Fabbroni, F. e Faeti, A. (1983). Il lettore ostinato. Firenze: La Nuova Italia.

Frankl, V. E. (2014). The will to meaning: Foundations and applications of logotherapy. Penguin.

Franta, H., Colasanti, A. R. (1991). L'arte dell'incoraggiamento: insegnamento e personalità degli allievi. Roma: Carocci.

Herrera, M.R. "Ahuyama" farcita di Martha Raquel, In Cultureinpentola, YouTube: https://youtu.be/x1q0XDlDgQM

Levorato, M.C. (2000).Le emozioni della lettura. Bologna: Il Mulino.

Merletti, V.R. (1998). Raccontar storie. Milano: Mondadori

Mingoia, E. (1997). Nel mondo delle fiabe. Roma: Nuova Era.

Paganini, S. (2003). Ti fiabo e ti racconto, strumenti per giocare con le storie. Firenze: la Meridiana.

Petruzzi, V. (2015). Il potere della gamification. Usare il gioco per creare cambiamenti nei comportamenti e nelle performance individuali. Milano: Franco Angeli.

Rodari, G. (1985). Gramática de la fantasía: introducción al arte de inventar historias. Hogar Del Libro S.A.: Barcelona.

Smorti, A. (1994).Il pensiero narrativo. Costruzione di storie e sviluppo della persona. Firenze: Giunti.

Zipes, J. (2004). Spezzare l'incantesimo. Milano: Mondatori.

Notas

[←1]
Barrett,L.,Dunbar,R., &Lycett,J. (2002).Human evolutionary psychology.Princeton University.

Hemos optado por utilizar los términos de emociones "positivas" y "negativas" en el sentido de equipararlo a agradable y desagradable respectivamente.

[←3]
Haidt, J. (2012). The Righteous Mind: Why Good People are Divided by Politics and Religion. Pantheon/Random House: New York.

[←—4]

Esto significa que el cuestionario o prueba ha sido validado con muestras más pequeñas antes de ser administrado a la población general, luego tiene validez interna y externa y está en especial diseñado para poder posteriormente ampliarlo, discriminándolo por grupo de edad.

[←5]

Para más información visite la página web:
https://www.sipea.eu/34/414/STOP_BULLYING_2.0.htm

Min-Kun Tsai, Shian-Shyong Tseng e Jui-Feng Weng (2011). "A Pilot Study of Interactive Storytelling for Bullying Prevention Education" in *Edutainment Technologies. Educational Games and Virtual Reality/AugmentedReality Applications,* 6th International Conference on E-learning and Games, Edutainment 2011, Taipei, Taiwan, September 7-9, 2011, Proceedings. Editors:Chang, M.,Hwang, W.-Y.,Chen, M.-P.,Mueller, W.

[←7]
Franta, H., Colasanti, A. R. (1991). *L'arte dell'incoraggiamento: insegnamento e personalità degli allievi*. Roma: Carocci.

[←8]
Min-Kun Tsai, Shian-Shyong Tseng e Jui-Feng Weng (2011). "A Pilot Study of Interactive Storytelling for Bullying Prevention Education" in *Edutainment Technologies. Educational Games and Virtual Reality/AugmentedReality Applications,* 6th International Conference on E-learning and Games, Edutainment 2011, Taipei, Taiwan, September 7-9, 2011, Proceedings. Editors:Chang, M.,Hwang, W.-Y.,Chen, M.-P.,Mueller,   W.

Petruzzi, V. (2015). *Il potere della gamification*. Usare il gioco per creare cambiamenti nei comportamenti e nelle performance individuali. Milano: Franco Angeli.

[←10]

"Il Castagnaccio di Stefano". In Cultureinpentola, YouTube: https://youtu.be/-dYMyAkjbcQ

[←11]

"Ahuyama" farcita di Martha Raquel, YouTube:
https://youtu.be/x1q0XDlDgQM